多様な遊びが生まれる

園庭のつくり方

―保育者の想いをカタチにする環境構成―

編著　鈴木八朗・落合栄治

チャイルド社

はじめに

「いつまでも遊んでいたい」園庭で保育を豊かに

くらき永田保育園　園長　鈴木 八朗

養護と教育は「環境を通して行う」という意義や、具体的な実践事例が書籍だけでなくインターネットの中でも気軽に学べるようになったこともあってか、この十年くらいで保育室の環境構成の意識は、ずいぶん高まったのではないでしょうか。個人的にも、２０２０年に『０・１・２歳児の学びと育ちを支える保育室のつくり方』を上梓したことから、全国の保育園・こども園・幼稚園の先生方と保育環境について意見交換する機会が増えました。また、公開保育などを通して、「保育室でどのように子どもたちの育ちを保障しているのか」といったテーマで語り合ってみると、保育者の想いをカタチにするスキルを高めている園が確実に増えていると感じます。

このように、「保育室」の環境構成が保育者の大切な専門性だと認識されている一方で、外遊びの空間についてはどうでしょうか。「園庭」や「テラス」を保育者自らが環境構成し、保育の質を高めていく場にしていこうという意識は、まだまだ低いように感じられます。

園庭づくりの構造を確立し、継続的に園庭の質を高めていく仕組みが出来上がっている園が少ないのは、なぜなのでしょう。理由はいくつか考えられますが、保育士の潜在意識の中で、園庭の環境は大型遊具など設置する権限のある園長など一部の人が考えるもので、自分たちが口出しするものではないと感じていることが挙げられます。

その結果、園庭での保育を、安心安全に配慮したかかわり方の視点のみで捉えてしまっているようなのです。園庭は、様々な年齢の子どもたちが遊ぶ共用スペースだからこそ、その使い方について、クラスを超えて話し合う時間を意図的につくっていくことも必要ではないでしょうか。

園庭も保育室と同じように、自分たち保育者の専門性を発揮する魅力的な空間だと再認識してほしい、そして、「環境を構成する」ことによって豊かで多様な遊びを生み出そうというモチベーションを高めてほしい……、そのような想いから本書の企画が始まりました。そして今回、スタジオクラウドの落合さんにご協力いただくことになりました。落合さんは、現場の保育者との対話を重視しながら、各園の理念や大切にしたい想いを組み込んだ園庭づくりや環境の改善を多く手掛けています。

また、「園庭づくり」という観点からも保育に対する想いを共有してきた先生方にもご協力いただきました。特に、むくどり風の丘こども園の朝比奈太郎先生とは、「園庭」について語り合う中で、保育という仕事の奥深さを共有できました。

本書では、現場の保育者一人ひとりが、園庭での遊びを考えるためのポイントを整理しました。保育室とは違い、天候や自然の移り変わりなどを含め、外部的な影響を受けやすい空間で環境構成していくためには当然、いくつかのポイントや原理原則があります。ほかの園のすてきな実践をまねるのではなく、自分たちの園が与えられた環境を有効に使って、「いつまでも遊んでいたい」園庭を自分たちの力で豊かにしていくために、この本を活用していただけたら幸いです。

「本質的な価値観」を共有するために

株式会社スタジオクラウド　代表取締役　落合栄治

この本の出版に際し、お声かけくださった鈴木八朗先生、ならびに、日頃からいろいろと学ばせていただいている朝比奈太郎先生のご両名には、いつも多大な影響と刺激をいただいております。そのようなすばらしい先生方と共に、本を出版する機会をいただけたことに大変感謝しております。

先生方とのご縁は、２０００年にフランスの玩具・遊具を輸入販売していた会社を退職し、スタジオクラウドを設立した頃から始まります。創業当初から、おもに私立の幼稚園・保育園様からのご依頼で、ロゴマークデザインやパンフレット・ホームページの製作、セミナーやイベントの企画といった「企画デザイン」、そして、保育環境全般のリフォーム工事、オリジナルの遊具の設計・製作といった「保育環境デザイン」の二つの分野の事業を行っておりました。

これらの事業を通して数多くの幼稚園・保育園様を訪問する中で気付いたのは、「保育・教育」に関する考え方や取り組みが、園ごとに大きく異なるということでした。創業した時期が自分自身の子育て時期と重なっていたこともあり、私の関心はどんどん「子どもの発達」や「保育」「教育」、そして、それらを取り巻く「環境」に広がりました。中でも「子どもの育ちと遊びの関係性とそのための環境」について深く考え

るようになりました。

　多くのすばらしい先生方との出会いから、仕事だけでなく、様々な学びの場に参加させていただく機会にも恵まれたおかげで、「保育と子どもを取り巻く環境」について自分なりに構造化し、各園の保育に寄り添った課題解決の提案ができるようになっていきました。

　また、とある法人のご厚意で、２０１７年にドイツでの研修に参加させていただきました。そこで出合った「子どもが自ら育つ権利」を尊重する保育観と、そのために作られた園庭環境にふれ、「本質的な価値観」の重要性に気付かされたことも大きな転機の一つでした。この時の体験から、「保育活動」も園庭を含む「保育環境」も、すべて園が標榜する「価値観の表現」だと捉えるようになりました。

　そう考えると、園における様々な課題解決には、まず「園が目指す保育」の明確化と、それを支える「価値観」を園内で共有することが重要だとわかりました。それに気付いて以来、研修や園庭改修のご依頼を受けた際、まず、園が目指す保育とその価値観を探り、それを職員の皆さん全体で共有していただくことから始めるようにしています。

　この本が「子どもの遊びを通した育ち」と「育ちの場としての園庭環境」について考えを深め、対話を通じて園の「価値観」を共有し合い、さらに「保育の価値」を高めていく、そのような取り組みのきっかけになればうれしく思います。

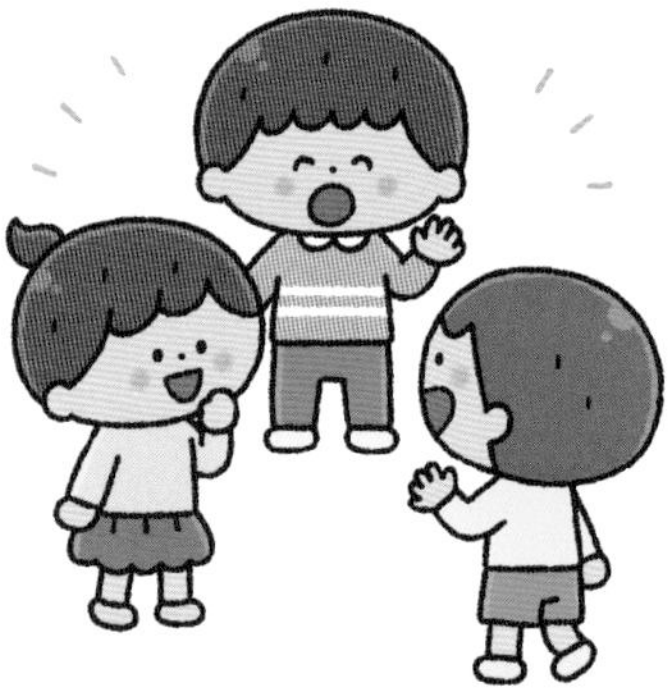

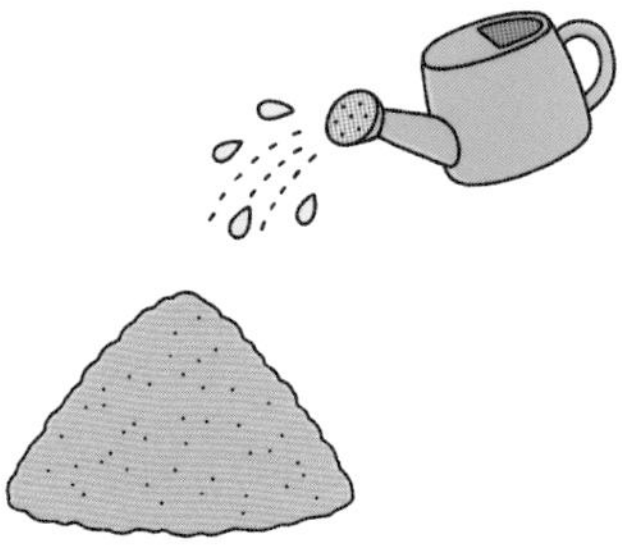

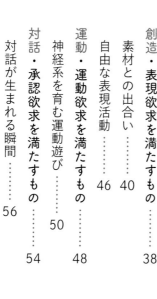

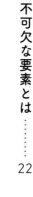

を発揮する園庭

鈴木八朗
社会福祉法人久良岐母子福祉会
くらき永田保育園 園長

朝比奈太郎
社会福祉法人ムクドリ福祉会
むくどり風の丘こども園 園長

落合栄治
株式会社スタジオクラウド
代表取締役

第1章

トークセッション

子どもが創造力わくわくする

撮影協力／むくどり風の丘こども園

園庭を見れば保育がわかる

鈴木　落合さんが以前、「園庭を見ると、その園の保育がわかる」とお話しされていたのが、ずっと気になっていました。これまでに多くの園庭のコンサルテーションを行ってきたと思いますが、実際はどうでしたか。

落合　そうですね。例えば、狭小な園庭でありながらも、その園の保育理念を感じさせる園庭づくりをしている園もあれば、スペースや自然環境が十分にあってもどのような保育を目指しているのかイメージしにくい園庭もあります。また、様々な運動遊具がランダムに散らばっている園庭は、「園庭遊び＝運動遊び」と単純に捉えているのだろうなと感じます。

一方で、保育や保育室の環境を見直しているのに、園庭には手を付けられず、保育内容と園庭環境にミスマッチが起こっている場合もあります。

鈴木　つまり、「よい園庭」の形だけまねてもだめで、園庭で何をしたいのかが保育者間で共有されていないと意味がなくなってしまう、ということですね。

落合　そうなんです。その点、むくどり風の丘こども園の園庭は、ひと目で朝比奈先生の保育観が伝わってきます。目立つ遊具はないけれど、それがかえって子どもの豊かな遊びを引き出している。

鈴木　朝比奈先生は、この園庭をどのようにデザインされたのですか。

朝比奈　実は偶然の産物なのです。というのも、新設で園舎を建てた15～16年前は北京オリンピックの影響もあり、建築コストが高騰していて、園庭に立派な遊具を入れる予算がありませんでした。

鈴木　なるほど……。

朝比奈　でも、さほど残念だと思わなかったのは、そのさらに前、本園を建て替えた際に仮園舎で過ごした経験があったからです。借りた土地だったので遊具どころか砂を入れることすらできず、何もない野原のような園庭で半年過ごすことになって、最初はとても不安でした。でも、そこで子どもは土や草で工夫しながら活き活きと遊んでいました。驚きましたよ。もともと子どもは、自分で遊びを見つける力があると改めて実感できました。

この体験から、園庭を考えるうえでは、「ないほうが豊か」ということもある。意図的に準備しすぎないほうが、子どもが主体的に遊べると思うようになったんです。

第1章
子どもが創造力を発揮するわくわくする園庭

むくどり風の丘こども園の園庭。中央には築山があり、コの字型に配置された園舎に向かって奥行きのある造りになっている。

園舎が囲む中庭には芝を配置。園舎との境目にはウッドチップを敷いている。園舎と園庭の中間領域としてのテラスは、内と外の子どもの遊びをゆるやかにつないでいる。

園庭に不可欠な要素とは

鈴木　子どもがやりたいことを自分で見つけられる園庭とは、具体的にどのようなイメージなのでしょう。

朝比奈　子どもの五感を刺激する園庭、運動欲求に応える園庭ですかね。

そこで最低限、土と砂と水だけは使えるようにして、園庭の真ん中に築山を作って、あとは子どもたちの様子を見ながら少しずつ遊具を増やしていくことにしたのです。

鈴木　なるほど。最初から完成形をめざさないことは、大事ですよね。

朝比奈　遊具が少ないぶん、しぜんと子ども同士がかかわり合って遊ぶことが増えました。

真ん中に築山を作ったので平らな地面は確保できず、三輪車などの乗り物もあえて持ち込まなかったのですが、そのほうが自分の身体を使って遊べるし、乳児と幼児が危なげなく一緒にいられることにも気付きました。

落合　私は園庭づくりをお手伝いしてきた立場ですが、最初は「平らな地面がなくてもいいのだろうか?」と思っていました。子どもたちが走り回って遊ぶためには最低20m×10mくらいの平面が必要だという思い込みがあったからです。

でも、この園庭を見るかぎり、必ずしもそうではないですよね。凹凸や木があっても子どもは走り回るし、そこでできる運動を探してやっている。

ただ、ルールのあるボール遊びだけはこの園庭では遊びにくい。そこは、どう保障したらいいのでしょうね。

朝比奈　たしかに、すべてを満たせる園庭はないですからね。

たとえば、うちの場合、すぐ近くに広場があるので、4~5歳児はそこで思いっきりサッカーをすることができます。あとは10分くらい歩いたところの公園に

大きなアスレチック遊具があるので、そこで遊ぶこともあります。

すべてが代替でよいとは思いませんが、地域資源も活用すれば、子どもに多様な経験を保障することはできます。

保育室と園庭との連続性を意識して

鈴木　園庭でこそ経験できることもありますよね。朝比奈先生が園庭に求めるものは何ですか。

朝比奈　運動場や遊技場ではない、「庭」としての価値ですね。身近に季節を感じるとか、自分たちの場所として形を変えたり探索したりできることでしょうか。

あとは、室内での生活や遊びと屋外での遊びが一体となって展開できる場所であってほしいという願いもあります。

園庭についての想いに共通点の多い者同士の語り合いは、園庭の話題だけにとどまらず、保育の深淵にまで及んだ。

　ある時、年長児の子が園庭で梅の花の花びらを一枚一枚、爪に付けてネイルアートのようにして遊んでいました。その発想や細やかな手の動きは、ふだんから室内で親しんでいる「自由な創作活動」とつながっていると感じました。

鈴木　様々なものに見立てて遊べる「可塑性のある素材」が園庭に置かれている。それで想像性豊かに遊べるのは、保育室での遊びの経験がベースにあるからですよね。その逆もまた然りです。

　保育室と園庭の連続性を意図的に生み出す仕掛けはあるのですか。

朝比奈　中間領域として、保育室と園庭の間に広めのテラスを設けています。

落合　先日、園におじゃました時、保育室のトースターで作ったクッキーをテラスに出したテーブルで食べている子どもがいました。そこに園庭で遊んでいた子どもがやってきて、1枚もらって食べてひと息つくという姿もありました。

　保育室だけ、園庭だけで遊びが完結していない感じがいいな、と思いました。

子どもの行動から逆算して環境設定を考える

鈴木　保育室では、床にマットを敷くことで、そこに子どもが集まってきて遊びが展開されるというアフォーダンスがあります。園庭でもそれを感じますか。

朝比奈　環境が子どもの感情や動作に影響を与えるアフォーダンスですね。たしかに、子どもの動きを意識して環境設定をしています。

　たとえば、地面の素材によっても遊び方が変わるので、芝生、ウッドチップ、砂、土と足裏に様々な感触をもたらすスペースを用意しています。そうすると子どもは、土のスペースでは走り回るし、芝生のスペースではゴロゴロしたり座り込んで何かに熱中したり。

鈴木　アフォーダンスを意識して園庭を作っている園はなかなかないですよ。そこに気付けたというのは、さすがだなあ。

朝比奈　この園舎には、2階から園庭を見渡せる場所があります。そこから園庭を俯瞰して見ていると、「子どもがうまく分散している」とか、「使われていない場所がある」ことに気付きます。

　そして、あまり使われていない場所があると、「ここに何かできないか」とか、よく遊んでいる場所でも「何があると遊びが発展するだろうか」とか、子どもの行動から逆算して少しずつ変化する園庭づくりを考えています。

　それをアフォーダンス的な思考という

のであれば、そうかもしれません。

鈴木　その時々の子どもの姿に共感しながら、コラージュ的に環境を整えていったのですね。

朝比奈　最終的には子どもの力ですよね。子どもを見ていると、子どもは本能的に風とか光とか雨など自然の摂理と結びつきながら遊びを生み出していくのだなと感じます。

そうした遊びを保障したいと思う一方で、たとえば、思いっきり泥んこになって遊ぶには、「泥んこ遊び」のよさを、保護者にも理解してもらう必要はあります。まあ、実際は入園前の見学時に、夢中になって遊ぶ子どもの姿を見て共感してくださる方がほとんどですが……。

落合さんの提案で、砂場のまわりにウッドデッキを配置した。泥んこ遊びを楽しむための仕掛けだ。

鈴木　泥んこ遊びをよしとする園の文化を意図的につくっていく必要がありそうですね。

朝比奈　あまり大変すぎると職員も二の足を踏んでしまうので、園庭づくりの段階で、気兼ねなく泥んこ遊びができる工夫をしました。中庭に温水シャワーを設置したのもその一つです。

鈴木　なるほど。落合さんは、ダイナミックな泥んこ遊びが楽しめる園庭をつくりたいと園に相談されたら、どのようなアドバイスをしていますか。

落合　まずは水場の位置を工夫しましょうと提案しますね。砂場の近くに水道のデッキを設置する。それから、保育室との行き来がしやすいところにシャワーや足洗い場をもってくる。足洗い場には、砂を流せるゲージをつけておくことも大切です。

朝比奈　理想的ですね。でも、便利すぎなくてもいいと思うのです。水場がそばになければタライを使うとか。大人のアウトドアでもそうですが、外遊びは不便があるからこそ楽しいということもあるので、そこはせめぎ合いですね。

鈴木　便利にするか、あえて不便を選択するかに、園の文化や風土が出ますね。

子どもの遊びを保障するために保育の「構造化」が必要

鈴木　土と水と砂さえあればいいというところから園庭づくりを始めて、その後、何を足していったのですか。

朝比奈　まず取り入れたのが、ウッドブロックです。平均台みたいにして使ったり、積んで登ったり、バーベキュー台や船に見立てたり。いろいろな遊び方ができます。

大きくて重いので一見、危なそうですが、実際はある程度、重さがあったほうが転がらないし、子どもも慎重に扱うので逆に安全です。

鈴木　子どもが自分の力を試しながら、遊びを選ぶことが大切ですよね。木登りもそうで、だれでも簡単に登れてしまう遊具と違って自然の木は、登る力のある子だけが登ります。

うちの園でも木登りのできる木が何本かあって、登るか登らないかは原則、子どもに任せています。難しいのは、子どもを信じてやらせることですね。

朝比奈　子どもがやりたい遊びを保障したいと思う一方で、制限してしまうのは、けがをさせたくないからですよね。

危ない、危なくないはそれぞれの主観なので、より明確に、「危険（リスク）は伴うけれど価値がある遊び」と「大人が防がなくてはならない危険（ハザード）」をどのような視点で判断するのか、職員間で共有しておく必要があると思います。

ウッドブロックの導入には、『あなたが変える庭あそび　～創造性をはぐくむ園庭遊具～』（東間掬子著、サンパティック・カフェ）を参考にした。

鈴木　危ないか危なくないか、楽しいか楽しくないか。その物差しは、園の理念にもかかわってくる。でも、理念の共有が難しくて、苦労している園も多い。園長として職員や保護者には、いつ、どのように伝えているのでしょうか。

朝比奈　園全体の保育計画の中に「リスクとハザード」の項目を設けて、職員研修等で共有しています。また保護者には、入園前に丁寧に説明し、入園案内（重要事項説明書等）にも明記しています。

鈴木　朝比奈先生の園では合意形成のプロセスが構造化されていますね。

落合　多くの園でよく見かけるのが、園庭で職員がサッカーのフォーメーションのように子どもを囲んでいる光景です。子どもが移動するたび、職員同士が目配せをしてサササッと動く。子どもが危なくないように、ルールにのっとって子どもを管理しているのですね。

いつも不思議に思うのは、朝比奈先生の園では、子どもを管理している感じがほとんどない。これだけ子どもが好き勝手に遊んでいる園は、めずらしいですよ。

朝比奈　そう見えますか！　でも、もちろん最低限のルールはあるし、見守ってもいます。ただ、安易に細かなルールを増やさないようにはしています。

鈴木　「ルールを守らなきゃ」という思考は、子どもの想いから遠い世界になっていきますよね。実は、ルールは子どものためじゃなく職員のためだったり。ルールはお互いが気持ちよく過ごせるものであってほしい。

落合　そうですよね。築山を作っても「滑ったら危ないでしょ」となったら意味がないですし。しかも、A先生とB先生で違う制約をしてしまうと、子どもは戸惑いますからね。

地域の拠点としての園庭の役割

鈴木　これからの園庭には、地域の拠点になる役割が求められていると思います。その点について、朝比奈先生のお考えはどうですか。

朝比奈　うちの園は三方を団地に囲まれているのですが、その団地は高齢化が進んでいて、子どもがほとんどいません。だから新設する際に、子どもの声がうるさいと言われるのではないかと、園庭を団地のない側にして園舎を建てる計画でした。

でも、建築前に地域の住民向けの説明会でそのことを伝えてみたら、むしろ「子どもの声は楽しみだから聞こえたほうがいい」と言われました。それで、団地側に向けて園庭を作りました。

鈴木　地域ごとに違いはあると思いますが、ある程度、地域に開いていたほうが防犯上よいこともあります。

朝比奈　この園での生活が始まってみてわかったのは、閉じているより開いていることでの安心感が、地域にも園にもあることです。

園庭の緑や季節の花を見るのが楽しいという住民の声も聞こえてきます。冬になると団地の敷地内で掃き集めた落ち葉をいただいたり、こちらも団地や地域の方々を園のイベントにお誘いしたりなど、いいお付き合いができています。

子育て支援の面でいうと、コロナ禍で一時的に園庭開放を休止せざるを得ない時期があったのですが、解禁になったとたん地域の保護者から「遊びに行ってもいいですか」と連絡がありました。

鈴木　これからの園庭は、入所している子どもだけでなく、地域の人たちすべてにとって居心地のよい場所になるべきですね。「公園デビュー」という言葉があったけれど、最近は公園に行っても人がいないことも増えていませんか。

落合　たしかにそうですね。ほっと落ち着ける空間が地域には必要です。

朝比奈　日中、公園に来るのは1～2歳児の親子連れが多いはずなのに、5歳児以上が対象など、大きな子のための遊具しかない公園も多い気がします。そうなると遊べないので足が向かなくなります。その点でも、乳幼児が安心して遊べる「開かれた園庭」は、必要な場所だと思うのです。

鈴木　何もしなくても「居る」ことが許される、保障されている空間は、子どもだけでなく大人にとっても大切ですね。

高齢化や少子化による「孤立化」が社会問題になっていますから、園庭をその受け皿にしていきたいですね。

園庭は団地に囲まれている。近隣住民の要望で団地側に園庭を配置した。
周囲に見守られた雰囲気の中、近隣との交流も盛んだ。

第2章

園庭に必要なもの

園庭と保育

すてきな園庭との出合い

「ワクワクドキドキする園庭にしたい」という言葉を、よく耳にします。皆さんは、具体的にどのような園庭をイメージしますか？

以前、ドイツの幼稚園を訪問した時に、園庭に足を踏み入れた途端、「ワクワクドキドキ」の感情があふれだす経験をしました。千平米以上もある広い園庭の中には、既製の園庭遊具は小さなすべり台が一つあるくらいでした。それなのに、園庭を歩いているだけで、見るもの、ふれるもののすべてが刺激的でした。

起伏のある地面、場所ごとに違う植物や土、砂の香り、木々によってつくり出される光と影、温度差……。「ワクワクドキドキ」は、感覚を刺激する様々な要素によってもたらされていたのだと感じました。

園庭が園の保育を表す

ドイツで見た園庭はとてもすてきなものでしたが、その「空間」をそのままま ねたからといって保育の質が向上するわけではありません。なぜなら、**保育という営みは、時間・空間・ヒト・モノがかかわり合いながら行われていく**からです。

「空間」の一部のエッセンスのみを自園に取り入れたとしても、それで自園の保育が上手くいくとは限りません。ただし、子どもは有能な環境の利用者ですから、「空間」が変わることで、その場の子どもの姿が変わります。その子どもの姿から、さらに、時間・ヒト・モノを整えていくことで、保育の質が向上していきます。そして、「なぜ、こうするのか」という、**保育者の想いを目に見えるカタチにしていく**ことが大切なのです。

空間

園庭や保育室などの施設環境

時間

保育における時間の使い方

保育を構成する

4つの要素

ヒト

保育者、子ども、保護者など、
かかわる人々

モノ

活動や行事とそこで利用される
遊具やおもちゃ

写真／右上：大久野保育園　右下：若草保育園　左上・下：くらき永田保育園

園庭に不可欠な要素とは

運動場ではなく「庭」

「よい園庭」では、子どもが夢中になって飽きることなく遊んでいます。ただし、園庭づくりは「子どもたちが喜びそう」「子どもたちが好きそう」といった、大人側の視点で安易に進めてしまうとうまくいきません。なぜなら、子どもたちにとって園庭は、自ら育つために必要なことを学び、経験する場であるからです。

子どもたちは、それぞれの欲求にしたがって遊びます。その遊びを通して知識や経験を得たり、身体的な機能を獲得したりしていきます。また、「見たい」「触りたい」「動きたい」「知りたい」といった欲求を充足させる中で、自尊感情も育まれていきます。

となると、園庭は体を動かすことを目的とした「運動場」ではなく、子どもの欲求や感覚に働きかける要素の詰まった「庭」であるべきなのです。

子どもの姿から考える

園庭で遊ぶ子どもたちの姿を見ながら、主体的に遊びを発展させてほしいと思っても、どこに問題があるのか、またどのように改善すればよいのかがわからない、という相談を受けることがあります。

そのような時、子どもの遊ぶ様子を写真や動画に収めて、職員同士で検証することをおすすめしています。現場では、子どもたちの安全管理や、楽しく遊ぶ姿にばかりに目が行きがちですが、動画や写真から気付いた「小さな違和感」を拾い出すことで、問題が見えてくるからです。そして、自分たちが、どのような子どもの姿を大切にしたいのかを話し合っていくのです。

改修前

広々と見通しのよい、平らな印象の園庭。固定遊具が園庭を囲むように配置されていた。（写真／若草保育園）

改修後

園庭の中央に築山を配置したことで、起伏のある地面になった。この改修を機に、砂場や固定遊具を移動したり、植栽を増やしたりしている。（写真／若草保育園）

環境による子どもの変化

埼玉県本庄市の若草保育園では、十分な広さや設備のある園庭をもっていましたが、改修計画を機に、園庭での子どもの姿を見直す園内研修を行いました。

研修を実施するにあたって、砂場で遊ぶ子どもたちを写真に撮りながら、若干の違和感を覚えました。楽しそうに遊んでいるものの、子ども同士のかかわり合いが少なく、なんとなく遊びが単調で集中力に欠けていました。

また、子どもたちは乗り物が大好きで、園庭遊びの間、ずっと乗り物を離さずにいる子どももいました。実際の改修計画では、園庭の中央に築山を作り、様々な植栽をすることになったので、乗り物の利用に制約が生まれることが考えられました。そのため、乗り物での遊びを保障するため、近隣の公園を活用するなどの案も検討していました。

しかし、築山が完成してみると、それまで乗り物ばかりで遊んでいた子どもたちが、築山での遊びに夢中になっていました。なるほど、以前の環境では、乗り物が最も楽しい遊びだっただけで、ほかに楽しい遊びがあれば、その姿は変わっていくのだということに気付かされた出来事でした。

改修後の園庭では、ほかにも、今までに見られなかった子どもの姿をたくさん目にするようになりました。植栽や築山を作る過程で掘り返されて出てきた小石や、そこにある草花などを集めて遊びの素材として使ったり、植えられた草花のまわりに子どもたちがしゃがみ込んで頭を寄せ合いながら何かを観察したり。場所を移動して周囲にデッキを付けた砂場では、子どもたちがかかわり合いながら想像力を発揮した遊びが展開されるようになっていました。

子どもの変化

みんなで何かを観察中。かかわり合う姿が増えた。（写真／若草保育園）

砂場でのごっこ遊びが豊かになった。（写真／若草保育園）

欲求が満たされる園庭に

子どもの欲求を起点に、幼児期に育てたい力と、そのために必要な環境要素や遊びを俯瞰できるように表にしてみました（26～27ページ）。

子どもの欲求を、自然・創造・運動・対話の4つに分類し、色分けしています。この表を見ることで、今の園庭環境に何が必要で、何が不要なのかを整理しやすくなるでしょう。自園の園庭環境の特徴がどこにあるのか、また、どのような要素が欠けているのかを見ていきましょう。

ただし、バランスよく整っていることが正解ではありません。自園で大切にしたい環境が整っているかどうかが大切です。自園の状況を知るために、この表をぜひ活用してみてください。

子どもの欲求から考える園庭環境

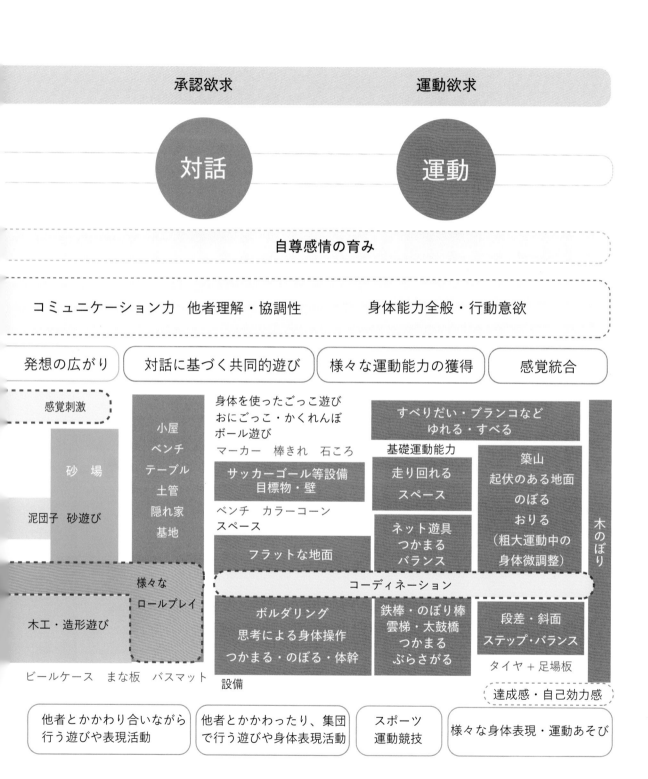

承認欲求　運動欲求

対話　運動

自尊感情の育み

コミュニケーション力　他者理解・協調性　身体能力全般・行動意欲

発想の広がり
対話に基づく共同的遊び
様々な運動能力の獲得
感覚統合

感覚刺激

砂　場
泥団子　砂遊び

小屋
ベンチ
テーブル
土管
隠れ家
基地

様々な
ロールプレイ

木工・造形遊び

ビールケース　まな板　バスマット

身体を使ったごっこ遊び
おにごっこ・かくれんぼ
ボール遊び
マーカー　棒きれ　石ころ

サッカーゴール等設備
目標物・壁

ベンチ　カラーコーン
スペース

フラットな地面

コーディネーション

ボルダリング
思考による身体操作
つかまる・のぼる・体幹

設備

すべりだい・ブランコなど
ゆれる・すべる

基礎運動能力

走り回れる
スペース

ネット遊具
つかまる
バランス

鉄棒・のぼり棒
雲梯・太鼓橋
つかまる
ぶらさがる

築山
起伏のある地面
のぼる
おりる
（粗大運動中の
身体微調整）

段差・斜面
ステップ・バランス

タイヤ＋足場板

木のぼり

達成感・自己効力感

他者とかかわり合いながら
行う遊びや表現活動

他者とかかわったり、集団
で行う遊びや身体表現活動

スポーツ
運動競技

様々な身体表現・運動あそび

園庭に必要な環境要素や遊びの種類

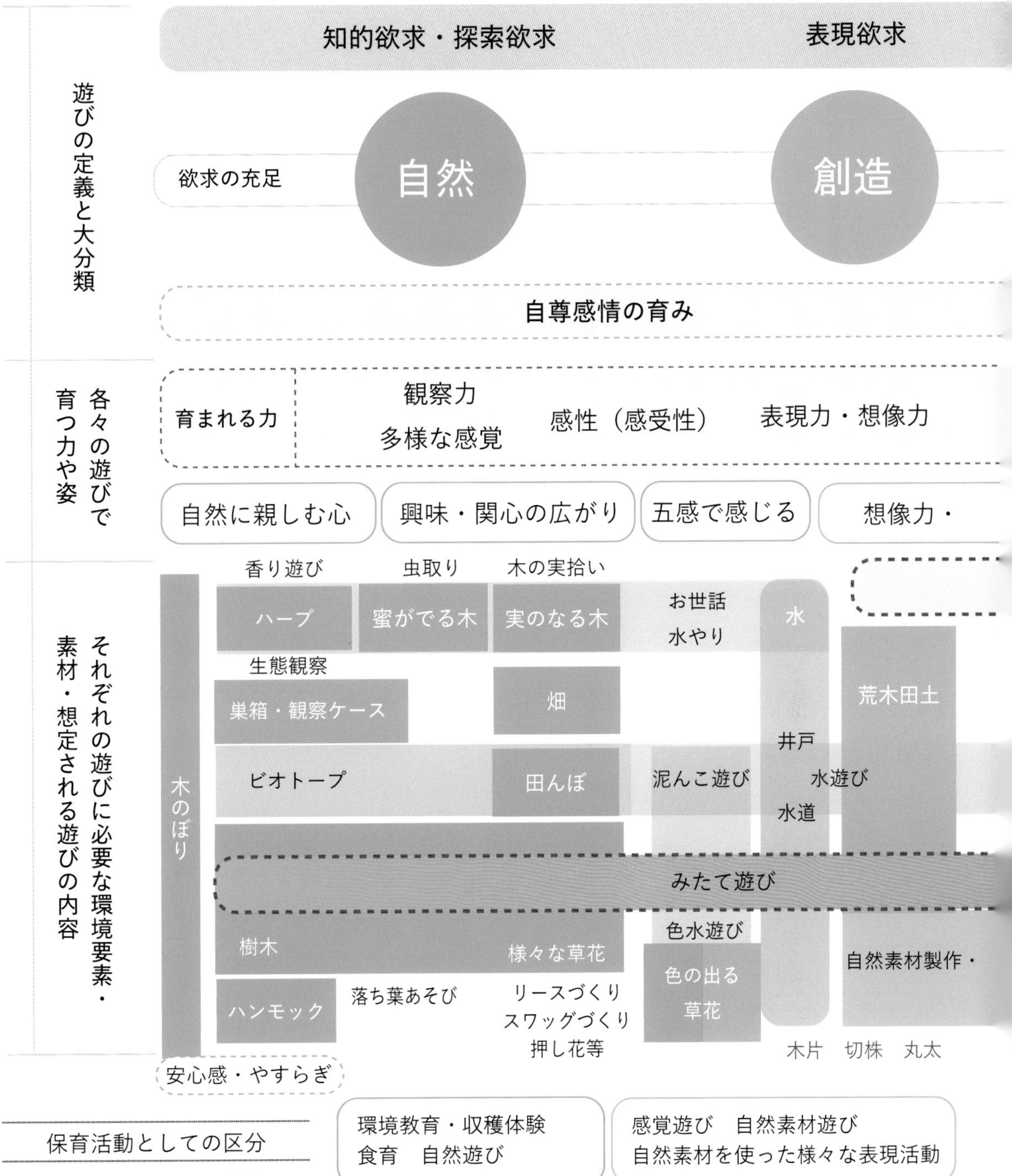

＊赤字は可塑性のある素材

園庭環境の要素

nature

自然

知的欲求・探索欲求を満たすもの

自然から多様な感覚刺激が得られる

園庭が、子どもの欲求や感覚に働きかける要素の詰まった「庭」と考えるならば、まずそこには「自然」が必要です。四季折々で変化し、五感を刺激する、命と出会える自然環境は、子どもの育ちに欠かせないものです。

草花を摘んだり、葉っぱや木の実をままごとに用いたり、実を採って食べたり、草むらにやってくる虫を捕まえたり。身近な自然にふれて遊ぶことから得られる多様な感覚刺激は、子どもの知的欲求・探索欲求を満たします。

植栽計画を立ててみよう

園庭に自然を取り入れようと考えた場合、まず樹木や草花などの「植栽」を検討することになります。

植栽には「空間を演出する」「感覚を刺激する」「遊びの素材になる」という3つの役割があります。これらの役割を意識すると、植栽のアイデアが色々と浮かんでくるのではないでしょうか。

まず、園庭にある樹木を調べ、新たに植える樹木の種類や植える場所を考えます。そこで遊ぶ子どもの姿を想像しながら検討するとよいでしょう。樹木は育つまでに時間がかかるので、何を植えてどこに配置するかを慎重に検討する必要がありますが、プランター栽培など、小さなスペースでも気軽に取り入れられる自然もあります。植える場所の日当たりや適切な植え替え時期についても十分に考慮してください。草花の苗は、安くて種類が豊富な春先に多めに購入して、子どもたちや保護者と一緒に植えると、夏にはその成長を皆で楽しめます。

自然が園庭にもたらす役割

感覚を刺激する

- やすらぎをもたらす
- 光や影で視覚を刺激する
- 香りで嗅覚を刺激する
- 味で味覚を刺激する
- 手触りで触覚を刺激する
- 音で聴覚を刺激する
- 好奇心を刺激する　など

空間を演出する

- 園のシンボルになる
- 園のイメージを印象付ける
- 地域の目を楽しませる
- 木陰をつくる
- 鳥や虫が集まる　など

遊びの素材になる

- 木のぼりができる
- 可動遊具の素材になる
- 造形遊びや手作りグッズの素材になる
- 料理に使える　など

　写真／くらき永田保育園

空間演出としての植栽

光と影がもたらす効果

植栽は、園庭に四季折々の表情を与え、色や香りが「癒し効果」をもたらすことはよく知られています。けれど、植物が人にもたらす心理的効果はそれだけではありません。

園庭においては、「明暗のコントロール」と「場面転換」という２つの大きな効果をもたらします。木陰は日なたに比べて温度も低く、強い日差しからの逃げ場ができるという効果がありますが、木陰がつくりだす明暗の差を行き来するだけでも、心拍数が変化するなど、身体の変化を感じることができます。そして、子どもの背丈ほどのこんもりとした繁みは、子どもの視線を遮り、隠れ家や秘密基地に籠るような、心理的な「場面転換」の効果をもたらします。

むくどり風の丘こども園の園庭の植栽

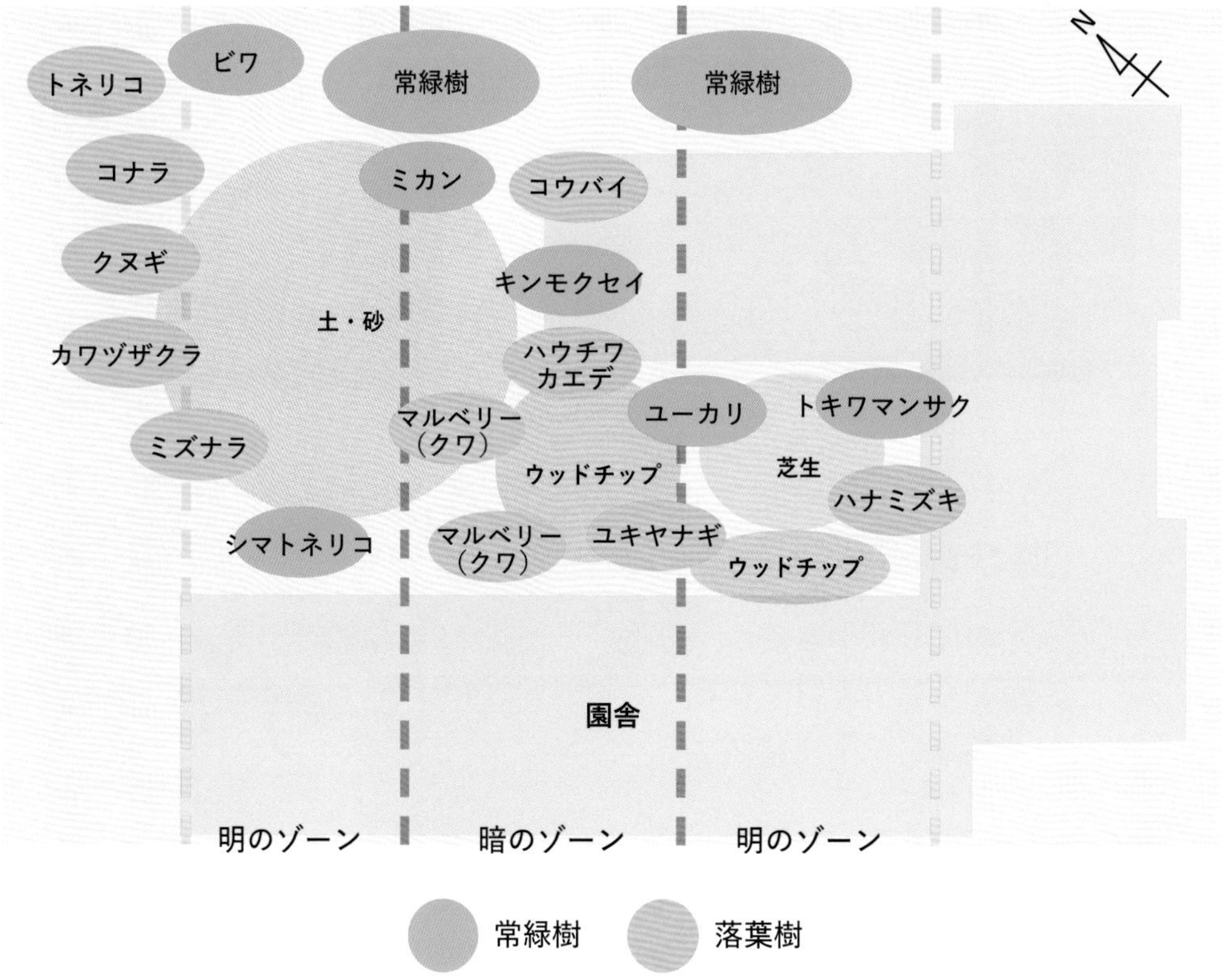

植栽がつくる光と影

太陽の光と植栽がつくり出す影は、「明暗のコントロール」と「場面転換」という大きな効果をもたらす。季節によって植栽の状態が変わるため、同じ場所でも印象が変化する。（写真／むくどり風の丘こども園）

光と影が混在する空間

地面素材の選び方

地面素材は、植栽との調和や子どもの遊びに適したものかどうかを考えます。人工的な素材は管理がしやすいですが、砂や土、芝といった天然素材は遊びを豊かにしてくれます。

土・砂

芝

ウッドチップ

自然を存分に味わい尽くす

「自然」は人間のコントロールを超えたところにあるものですが、園庭づくりにおいては、ある程度、子どもにどのような経験をさせたいかを考えて取り入れる必要があります。遊具や玩具と同じように、ねらいをもって考えるということです。

そこでキーワードになるのが五感です。五感を刺激するというねらいをもって植栽を考えてみましょう。

たとえば、花や紅葉など美しさを楽しめるもの、匂いを楽しめるもの、実を採って食べられるもの、落ち葉のシャカシャカという感覚を感じられるもの、そのような視点で植栽を考えてみるのです。

ただし、ねらいはあくまで大人のねらいであり、子どもの想いはまた別のところにあって、想定どおりの反応にならないこともおおいにあり得ます。予定調和にならないところが、「自然」のおもしろさでもあります。

視覚

太陽が照らす光や植栽がもたらす影、植物や生き物の色や形などを見る。

嗅覚

土や植物の香りを嗅ぐ。

味覚

野菜、木の実、よもぎやハーブなど、
食べられる植物を味わう。

**好奇心
やすらぎ**

触覚

泥んこや落ち葉、サラサラした砂、
湿った土、冷たい水などにふれる。

聴覚

風による植栽のざわめき、
落ち葉を踏みしめる音、
園の自然に集まる生き物
の鳴き声などを聞く。

 写真／左上：むくどり風の丘こども園　その他：くらき永田保育園

遊びの素材になる自然

想像力・創造力を刺激する素材として

樹木や草花は、遊びの素材にもなります。たとえば樹木の種類や大きさによっては、のぼったり、枝に縄をかけてブランコを楽しんだりして遊ぶことができます。

また、葉っぱや木の実はままごと遊びの素材になったり、リースやスワッグなどの造形素材としても利用できます。花びらはすり潰して色水遊びの素材にもなります。木の枝も、伐採したものをストックしておくと、様々な遊びの素材として変化していくでしょう。

季節によって利用できるものが変わってくるので、一年を通した素材の調達から植栽を考えるのも一つの方法です。子どもたちの視線を考えると、低木や地面に近いグラウンドカバーとしての植物の選び方が重要です。

高さの違う木を植えよう

低木
ユキヤナギ、シルバープリペット、ウエストリンギア、など

中木
マルベリー（クワ）、ブルーベリー、ミカン、クラブアップル、など

高木
オリーブ、ユーカリ、シイ、コナラ、ナラ、など

季節の移り変わりや成長を観察しながら、野菜や稲の栽培、柑橘類やベリー系の実の成る木やハーブなどの香りや味を楽しめる植物も取り入れる。味わうだけでなく、遊びの副素材としても利用できる。写真のように、木の根元に寄せ植えすると、子どもの興味・関心を引きながら、木の根を守ることもできる。（写真／若草保育園）

保育活動の素材になる

園庭に様々な木や花を植えると、リースやスワッグの製作、木工遊び、色水遊びなど、保育活動の素材として使うことができる。
オリーブやユーカリは枝がしなやかで扱いやすく、造形素材に向いている。
色水遊びでは、アサガオやオシロイバナ、色の種類が豊富なペチュニア、マルベリー（クワ）の実などがおすすめ。（写真／左：せんかわ みんなの家　下：長房みなみ保育園）

植物を比べて楽しむ

ローズマリーにそっくりのウエストリンギア。ローズマリーのように香りのするハーブとは違い、ウエストリンギアは食べられず、香りもしない。両方を植えておくと、「そっくりなのに違う」ことを観察しながら、植物への興味を深めることができる。このような、植物の特性を活かした仕掛けを盛り込むと、園庭での楽しみが増える。

米作りで採れた稲わらと竹を組み合わせて使って作った小屋。（写真／大久野保育園）

遊具になる

木のぼりには、一般的にカエデ、ナラ、ブナなどが適している。地域によって適した品種は異なるが、枝が頻繁に分岐して、均等に配置されている種類の樹木が望ましい。また、幹の表面が滑べりにくいものが適している。

上の写真は株立ちのマルベリー（クワ）。中木で地面から枝分かれし、木のぼりが初めての子どもも挑戦しやすい。左の写真はトネリコ。慣れてきたら高木にも挑戦。（写真／むくどり風の丘こども園）

丈夫な枝をもつ木を利用して、固定遊具に。右の写真はコウバイの木にロープを取り付けてブランコにしたもの。ただし、安全面から枝の状態を日常的によく確認することが大事。（写真／むくどり風の丘こども園）

生き物の観察ができる

植物があるだけで鳥や虫などの生き物が集まってくる。子どもだけでなく、生き物が過ごしやすい環境をつくるのも「園庭」の命題といえるのかもしれない。

花壇の一部にキャベツを植えて、そこに来るモンシロチョウを観察する。（写真／くらき永田保育園）

虫のマンション。落ち葉や枝を入れて、生き物を呼び込む。（写真／むくどり風の丘こども園）

小さなスペースに花を植えたり、鉢植えを置くだけでも、生き物はやってくる。（写真／若草保育園）

ビオトープで水場の生態系を観察する

「ビオトープ」というと設置に費用がかかり、管理も大変というイメージがある。そこまで大掛かりなものを作らなくても、たらいなどを利用した簡易的なビオトープで生き物はやってくる。ちょっとした水場があると、それまで園庭では観察できなかった生態系を観察できる。（写真／くらき永田保育園）

creation

園庭環境の要素

創造

表現欲求を満たすもの

土、砂、水が基本の素材

園庭で様々な自然と出合った子どもたちは、そこで見つけた素材を使って遊びを発展させていきます。五感でとらえたことから好奇心が触発され、「何かを作りたい」「何かに見立てたい」という創造の活動へとつながっていくのです。こうした遊びの広がりは、環境によって大きく左右されます。

園庭での創造遊びの基本素材として、土、水、砂があります。まず、子どもはこれらの自然素材の感触を楽しみます。土や砂に水が合わされば、泥んこ遊びが始まります。遊びながら素材が変化する性質に気付くのですが、それが「創造」の入り口になります。

泥んこ遊びの利点

現代社会では、泥んこ遊びをしたことのないまま入園してくる子どもも多いことでしょう。たとえば、はじめて田植えを体験する子どもは、田んぼの中に入って泳いだり、激しい動きをするのに躊躇する姿が見られます。泥んこ遊びには、経験が必要なのです。

ただし、躊躇している子どもに対して、無理やり遊ばせるようなことはせず、自然と遊びを楽しめるように環境を整えていく必要があります。泥にふれて、泥の中で思うまま身体を動かすことは、感覚の統合にもつながるので、ぜひ経験してほしい遊びです。

また、土、砂、水とのかかわりは、多様な細菌にふれるため、免疫力が向上するといわれています。子どもの育ちにとって泥んこ遊びはとても大切です。

環境要素としての創造

素材との出合い

- 自然を五感でとらえる
- 様々な素材に出合う
- 素材とのふれあいを楽しむ
- 素材の性質を知る

自由な表現活動

- 素材を何かに見立てる
- 副素材（植物や玩具など）を絡ませて、遊びが変化していく
- 友だちや保育者と一緒に取り組むことで、かかわりが増えていく
- 予定調和ではない表現活動がくり返し続いていく

 写真／右上：くらき永田保育園　左下２点：むくどり風の丘こども園

土や砂は特徴を知って選ぶ

　土や砂には様々な種類があり、それぞれ特徴が違うので、使い方に応じて選びます。子どもに多様な刺激を与えるために、質の異なる数種類の土、砂を用意し、用途によって使い分けられるとよいでしょう。

　また、素材は提供の仕方も重要です。たとえば、砂を用いた遊びを発展させたい場合、砂場のまわりに水場がほしくなります。テーブルやデッキなど、砂を持ち出せる場所があると、砂を戻す手間はかかりますが、創造力が掻き立てられ、より砂遊びの幅が広がります。

　基本素材の土、砂、水をベースに、草花、木の実、小石などほかの副素材が加わることで、さらに遊びの幅が広がります。

写真／むくどり風の森こども園

基本素材

土

黒土は、保湿性、通気性に優れているフワフワした感触の土で、泥んこ遊びに向いている。赤土は、粘土質で水を含むと粘り気がでるので泥団子は作りやすいが、乾燥すると固くなり、水はけが悪い。田んぼに使われる荒木田土は、泥んこ遊びに適している。

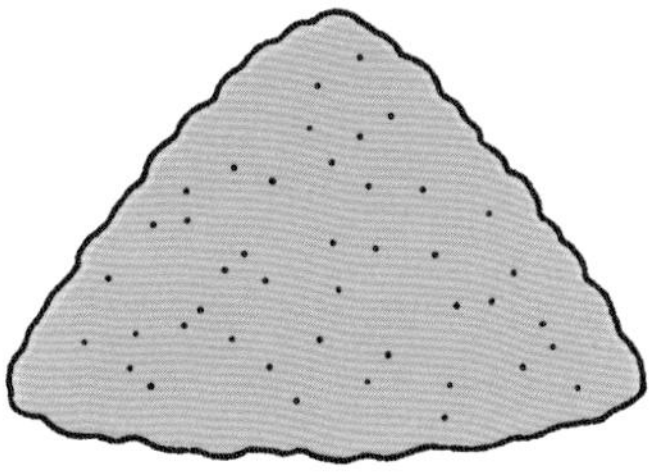

水

土や砂と合わせることで、子どもの創造力を発揮させる素材になる。砂場や築山のそばに水場があると、泥んこ遊びなど、ダイナミックに遊べる。

砂

採取される場所（川・海・山）や、粒子の細かさによって様々な種類がある。建材店などで手に入りやすいのが「中目」で、粒子が大きいため飛散しにくいが水でまとまりにくい。土と混ぜて泥団子づくりなどに使う場合は、「細目」や「左官砂」という粒子の細かい砂が扱いやすい。
また、築山などにも使う「山砂」は、産地によって性質や混入物が異なるため、導入前に現物確認が必要。

＋

副素材

「土・砂・水」の基本素材に、草花、木の実、小石などの副素材が加わることで、見立て遊びなどの創造的な遊びに発展していく。保育者がかかわることで、色水遊びやリース・スワッグづくりなどの製作へと広げていくこともできる。

素材との出合い

環境づくりの工夫で素材が活きる

ほとんどの園には「砂場」があるでしょう。砂場は、園庭の中でも子どもの創造力がもっとも発揮される場の一つです。砂を掘ったり、山を作ったり、トンネルを掘ったり、際限なく溢れる創造力を駆使して、楽しみます。

遊びに没頭し、集中して無言で遊んでいる子どももいますが、遊びが進むうちに、子ども同士のかかわりも発生します。ほかの子どもたちとアイデアを共有したり、協力して作業したりすることで、様々な遊びに展開していきます。

しかし、園庭の環境を見直したいという園の方に話を聞くと、「砂場での遊びがマンネリ化している」「砂を掘って、外に出すだけで、遊びが発展しない」という悩みが少なくありません。子どもたちが砂を外に出してしまうことで、頻繁

デッキを付けてリフォームした砂場。デッキは作業台として、遊びの幅を広げている。砂場に水を流し入れ、ダイナミックな泥んこ遊びに発展させることも。(写真／若草保育園)

砂場の枠のところに砂を持ち出して遊ぶ子どもたち。この姿をヒントにデッキを作ることにした。(写真／むくどりこども園)

に砂を補充しなければならず、管理面での問題も生じています。

「子どもはなぜ砂を持ち出そうとするのだろう」。そのような疑問が頭に浮かんでいた時に、砂場の枠のところで遊ぶ子どもの様子を見てハッとしました。子どもたちは、砂が変化する様子を楽しみたくて持ち出そうとするのだと。砂場の中ではわかりにくい変化も、平らな面や色の違うところに砂を持ってくることで、変化がわかりやすくなります。「そういう場が必要なのだろう」と考え、砂場の周囲に広いデッキを設置してみました。思ったとおり、デッキがあることで遊びのバリエーションが増えました。もしデッキがなくても、砂場の横にテーブルを置くだけで遊びは変化するかもしれません。

遊び終わったら、デッキの砂をほうきで掃いて砂場に戻す子どもたち。「お片付け」も遊びとして楽しむ。（写真／若草保育園）

生き物が育つ場

　環境が整えば、子どもは創造力を発揮して遊び始めます。そこでは、大人にはない、思いがけない発想で遊びがくり広げられることでしょう。

　土、砂、水があり、植栽に彩られた園庭は、自然と生き物が集まってきます。さらに、鳥の巣箱を木に仕掛けたり、虫が集まりやすい丸太を置いたりなど、ちょっとした工夫で生き物たちも過ごしやすくなります。ビオトープなどの水場があると、それまでとは違った生態系の観察もできるようになります。

　生き物の子育てしやすい環境や共生する仕組みをつくっていくことは、人間に対してだけでなく、その地域全体の心地よさも醸成しているといえるでしょう。虫や鳥たちへの「子育て支援」という考え方です。

園内に自然があると、生き物が集まってくる。虫や植物の観察は「知りたい」という欲求を生み出し、さらなる学びにつながっていく。（写真／右：大久野保育園　左上：遍照こども園　左下：むくどり風の丘こども園）

生き物を観察する

低年齢児が花を観察。小さなスペースにプランターを置くだけでも自然を身近に感じられる。(写真／遍照こども園)

園庭で摘んだ草花をままごと遊びに使う。遊びながら植物の特性を知っていく。(写真／若草保育園)

植物を観察する

マルベリー（クワ）の木から採れた実。実の成る木は、食育活動にも利用できる。(写真／むくどり風の丘こども園)

※収穫したものを食べる場合は、加熱処理するなど、衛生面での配慮を十分にしてください。

バケツ稲。大量に収穫できなくても、育つ様子を観察できる環境が興味・関心につながる。(写真／むくどり風の丘こども園)

切り株を台にして虫を捕る子どもたち。(写真／大久野保育園)

素材を使った遊びの広げ方

園庭にある自然から遊びの素材を調達できると、アイデアが次々と浮かんできます。既成の道具や玩具も取り入れて、様々な見立て遊びやロールプレイが行われるようにしていきましょう。

庭で採れる自然物は、保育活動で利用できる造形素材にもなります。オリーブ、ユーカリは、枝がしなやかで常緑樹の葉が美しく、リースやスワッグに適しています。そのほか、ナラ、コナラ、シイなどのどんぐりの採れる木や、美しい落ち葉が調達できる樹木も、造形素材になります。また、ビールケース、バスマット、使わなくなったまな板なども、遊具の一つになります。

素材集めの工夫

土や砂は実際に手にしてみないと、水との相性など、使い勝手がわかりません。導入する前に、建材店からサンプルをもらって確かめておくとよいでしょう。また、園庭で遊びの素材になりそうなモノ（タイヤや切り株など）の処分品等の情報があれば教えてほしいと、保護者や近隣に声をかけておくと、ほしかった素材を調達できることがあります。たまたま通りかかった造園業社の作業場で「切り株」が目にとまり、思い切って声をかけて譲ってもらったという園もありました。（写真／むくどり風の丘こども園）

リースづくり

園庭のオリーブやユーカリの木を使ってリースづくり。近隣の生花店の人に指導してもらっている。（写真／長房みなみ保育園）

虫除けスプレーづくり

園舎の日陰に自生しているドクダミで虫除けスプレーづくり。葉を摘みながら、匂いやさわりごこちを体験する。（写真／くらき永田保育園）

つくり方

ドクダミ（無農薬）の葉をきれいに洗い、水分を拭き取って瓶いっぱいに詰める。そこに、ホワイトリカー（または焼酎）を注ぐ。冷暗所に１週間ほど置いて出来上がり。

＊乾燥肌やアルコールに過敏な肌の場合は使用を避けてください。

園での体験を家庭につなげる

園庭で採れた素材を希望する家庭にも持ち帰ってもらえるように、玄関先に置いてみる。料理に使えるハーブは、栄養士のレシピを添えると喜ばれる。（写真／長房みなみ保育園）

園庭環境の要素

exercise

運動

運動欲求を満たすもの

身体を動かしたい欲求を満たす

子どもの基本的な行動欲求の一つに「運動」があります。「食事」や「睡眠」と並ぶ、だれもが生まれながらにしてもっている欲求です。これは、特定のスポーツというよりも、「ただ身体を動かしたい」という欲求のことです。

「空間」「時間」「仲間」という3つの「間」が子どもの運動遊びには必要です。園庭は、保育室と同様にこの3つの「間」を満たす場です。具体的には、遊びの内容に見合った広さで安心して動ける「空間」、日常的に遊ぶ機会をもてる「時間」、一緒に遊べる「仲間」です。

神経系を育てる

子どもは欲求にしたがって身体を動かしますが、それは同時に子どもの身体的な発達を促すことになります。人の身体は、骨や臓器、神経系などが同じように発育するのではなく、それぞれバラバラに発育していきます。その発育の進度をグラフで示したものがスキャモンの発育曲線です。

ここで注目したいのが、神経や感覚器の発達で、6歳頃までに成人の90%、9歳頃までに成人の100%まで育ちます。つまり、幼児期にできるだけ多様な身体の動きを経験し、神経系をしっかり育てておく必要があります。

これらを意識して運動遊びや環境を見直していくと、園庭に必要なものが見えてくるでしょう。

運動遊びを豊かにする3つの要素

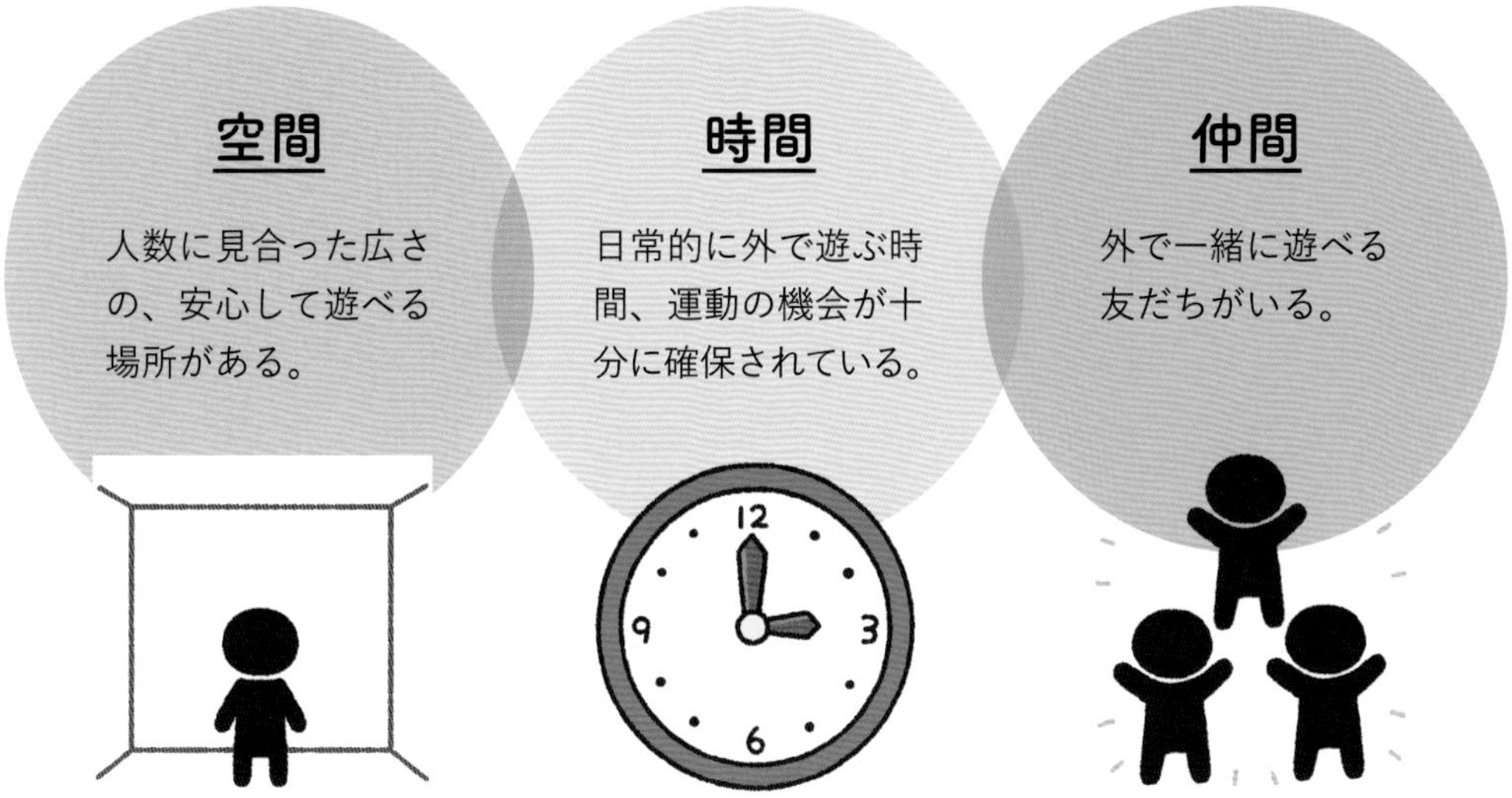

スキャモンの発育曲線

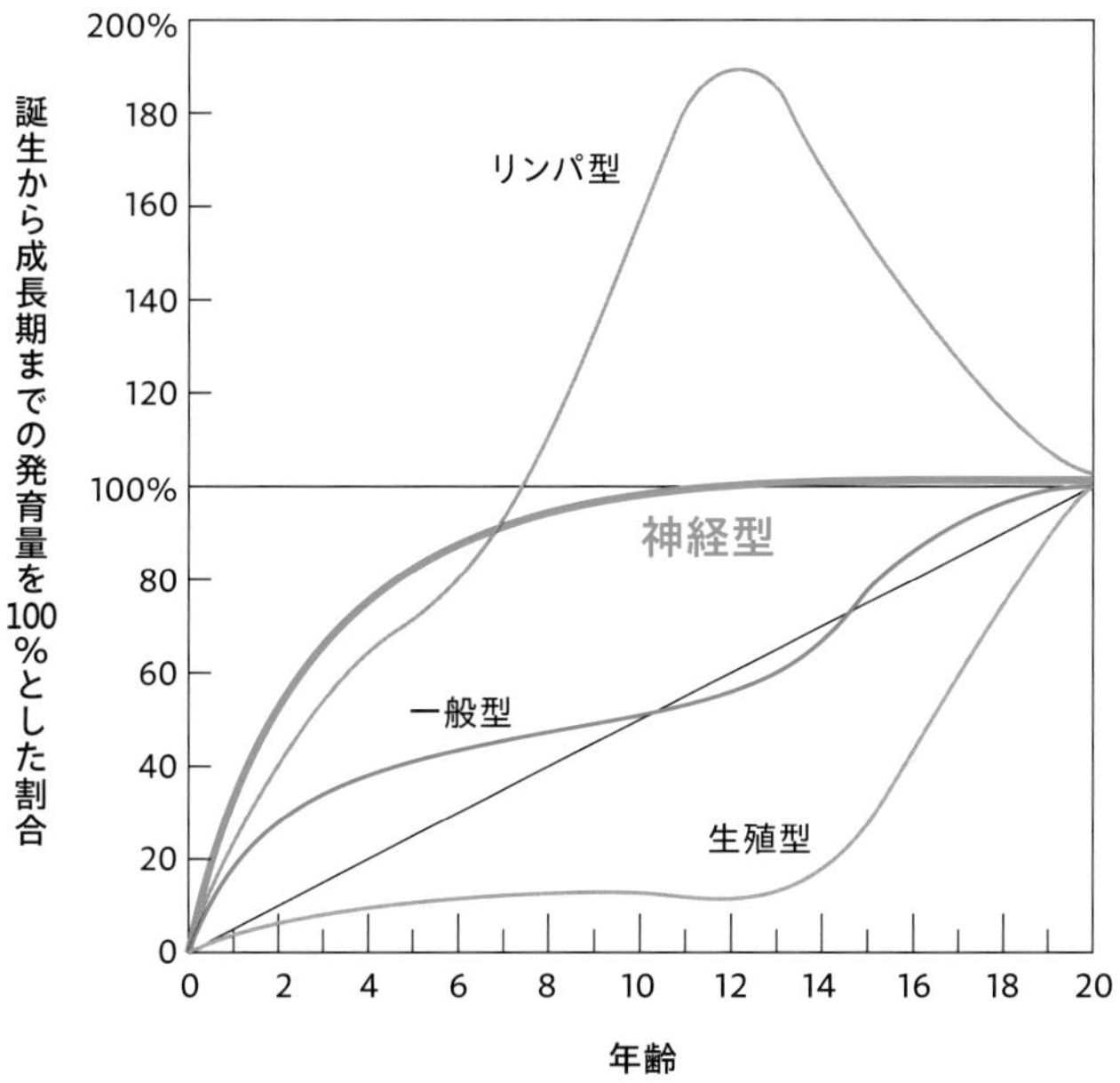

人間の身長や臓器が成長していく成長具合を示した発育曲線。20歳の時点を100％として、リンパ型・神経型・一般型・生殖型の４つの成長パターンがグラフで示されている。「リンパ型」はリンパ組織の発達期。「一般型」は身長、体重、筋肉、骨格という身体の発達期。「生殖型」は生殖器や乳房、咽頭などの発達期。脳や脊髄、視覚器などの神経や感覚器の成長を表す「神経型」は、９歳頃までに成人と変わらないレベルにまで成長する。

非日常的な動きを引き出す

神経系を育てるための身体の動きは、いわゆるスポーツである必要はありません。むしろスポーツで特定の動きをくり返すよりも、非日常的で多様な身体の動きを経験することで発達します。

また、立ったり、しゃがんだり、歩いたり、くぐったり、登ったりなどの日常的な動きは、室内でもある程度は可能ですが、園庭のほうがより豊かな動きを経験できます。そうした動きを引き出すのは、築山などに代表される起伏に富んだ環境、様々な足裏の感触が得られる地面、自由に走り回れる広場のある園庭でしょう。

動ける身体に育つためには、下記の4つのポイントがあります。

現代の子どもの身体的な問題として、肩甲骨と股関節の可動域が極端に狭くな

動ける身体に育つための4つのポイント

母指球を育てる

歩く、走るのバランスをとり、感覚統合を意識した動きで足を鍛える。

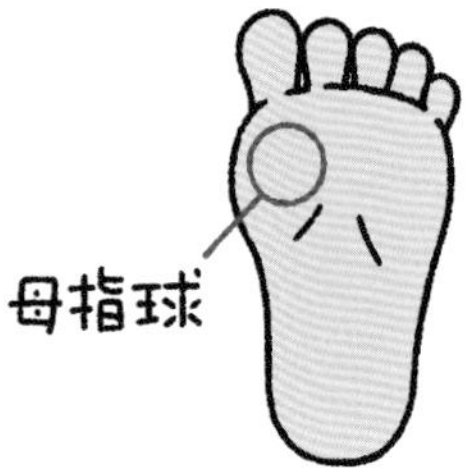

身体の柔軟性を養う

関節の可動域が狭くなっているので、関節の動きを意識する。特に肩甲骨、股関節が重要。

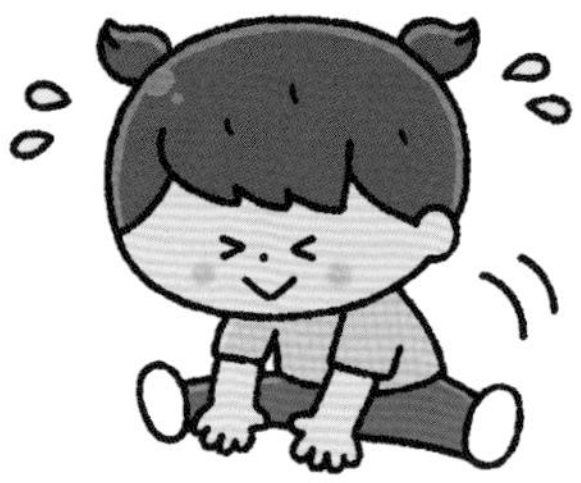

っていることがあげられます。肩甲骨と股関節は、手足と胴体をつなぐ重要な関節です。この2つの関節の可動域を確保することは、様々な動きを可能にします。特に、肩甲骨は肋骨につながっているため、呼吸とともに上下する横隔膜の動きにも影響を及ぼします。肺活量を高めるためには、肩甲骨の可動域を広げておくことも大事なのです。

また、車やベビーカーなど歩かない生活の中で足裏の母指球が育っていない問題も指摘されています。母指球とは、手や足の親指の付け根にあるふくらんだ部分で、地面にふれるため、歩いたり、走ったり、跳んだりする時に体重を乗せることになります。そのため、身体のバランスをとるなど、動きを制御するためにも大事な部分です。

自分のやりたい動きを自在に体現するためには、コーディネーション（身体調節機能）を培う必要があります。身体の

コーディネーション（身体調整能力）を育てる

非日常的な動きを多く経験することで神経系が育つ。走る遊びもおにごっこのように多様な動きのある遊びが望ましい。

意欲ややり遂げる心を育てる

自分からやりだして達成感を味わうことで、自ら動こうという意欲を育てる。

神経系を育む運動遊び

異なる部位や機能が連動して正確な動作を行う能力のことです。この能力は、非日常的な動き、多種多様な運動を経験し、感覚器からの情報に基づいた運動を意識して行うことで育ちます。

コーディネーションを培う遊びの一つに「おにごっこ」があります。「おにごっこ」は、目や耳でおにを確認しながら走り方を変えたりステップを切り返したりするため、しぜんと複雑な動きをすることになります。築山のように起伏のある地面や砂浜のように足元が不安定な場所で行えば、さらに身体の動きを調整する必要があるので効果が増すでしょう。

そして何よりも、自ら「動きたい！」という子どもの前向きな気持ちを育むことが重要です。適度な達成感は、精神的な充足感をもたらします。無理にやらせるのではなく、子どもの意欲を尊重し、その気持ちを支えていくことが、保育者にとっての役割といえるでしょう。

小屋の屋根によじ登り、そこから近くの木の枝にぶら下がる。足裏を使ってバランスをとりながら動くことで、母指球が育っていく。(写真／むくどり風の丘こども園)

おもいがけない動きをする素材(タイヤ)を使って遊ぶ。(写真／くらき永田保育園)

サーキットのように配置した丸太や板の上を跳んで移動する。（写真／むくどりこども園）

サーフィンをイメージして、板の上にのってバランスをとる。（写真／くらき永田保育園）

急な斜面を滑りながら降りていく。（写真／くらき永田保育園）

日常の動き ＋ 段差・斜面・素材など ＝ 多様な動き

凸凹した地面を歩いたり、水たまりを飛び越える。非日常的な動きが、神経系を発達させる。（写真／むくどり風の丘こども園）

友だちと協力して、たらいに入れたものを運ぶ。（写真／むくどり風の丘こども園）

園庭環境の要素

dialogue

対話

承認欲求を満たすもの

他者理解が承認欲求を満たす

園庭で集中して遊び込めるようになってくるとしぜんと「対話」が生まれます。遊びは、対話によっても広がりを見せます。感じたことを分かち合いながらコミュニケーションを深め、やがて他者理解へとつながっていきます。他者の気づきをきっかけに、興味・関心の幅も広がり深まっていく中で、お互いの気づきや発見を認め合えるようになることからも、承認欲求が満たされます。

対話が生まれる工夫

「自然」「創造」「運動」の観点での環境づくりで十分に「対話」は生まれますが、ちょっとした工夫でさらに広げられます。対話が生まれやすい空間や環境を工夫してみましょう。たとえば、砂場の近くにテーブルやベンチを置いてみてください。砂遊びからままごとやごっこ遊びなどに発展します。テーブルやベンチなどの拠点があると、子どもはそこに集います。

子どもの自然な対話を妨げないために、保育者のかかわり方にも工夫が必要です。事故が起こらないように見守ることは大切ですが、管理が行きすぎると子どものしぜんな行動や対話を妨げることになるかもしれません。「常に子どもの姿を視野に入れておきたい」と考えてしまいがちですが、子どもだけの世界に浸れる空間も大切です。遊びの環境とともに、子ども一人ひとりの世界観や子ども同士の関係性を、どのように保障するべきなのかも考えてみましょう。

対話がもたらす効果

感じたことを分かち合う

- 他者の視点が自分に取り込まれる
- 自分の知識や経験を相手に伝える
- 相手との接点が広がる
- 他者理解につながる

興味・関心が広がり深まる

- 同じものを見たり、同じことを体験したりすることで、知識を共有する
- 「もっと知りたい」「もっとやりたい」という想いを共有する

承認欲求を満たす

- 相手に認められることで、満足する
- 心を通じ合える人と一緒にいることが、心地よいと感じる

対話が生まれる瞬間

小屋のまわりで遊ぶ子どもたち。身長や身体能力等の発育・発達を満たした子どもが屋根に登れる。小屋の中は子どもたちの隠れ家に。かかわりや会話が生まれる遊具の一つになっている。（写真／むくどり風の丘こども園）

0・1・2歳児専用の園庭に置かれたテーブルを囲む子どもたち。おままごとの台になったり、園庭で採集したものを並べたり、テーブルが一つあるだけで、そこに集う。（写真／くらき永田保育園）

長椅子を利用した陣取り合戦。じゃんけんに負けると水たまりに落ちるペナルティが。おもしろいルールも子どもたちの自由な発想から生まれる。（写真／くらき永田保育園）

切り株を利用したベンチ。園庭には「動」だけでなく「静」の場も必要。そこで生まれるかかわりも、かけがえのないものとなる。（写真／上：むくどり風の丘こども園　左：むくどりこども園）

発見があると、誰かと共有したくなる。（写真／くらき永田保育園）

園庭では保育者との信頼関係も育まれる。見守り、見守られている関係性が、子どもたちの安心感につながる。（写真／くらき永田保育園）

コンクリートのU字溝に板を渡してベンチのように利用している。友だちの遊びを見守りながら、会話を弾ませる子どもたち。（写真／くらき永田保育園）

園庭遊具とは

戸外に興味・関心が向く環境に

「幼稚園施設整備指針」（文部科学省）には、多様な自然体験や生活体験が可能な環境が、子どもの主体的な活動を確保するために必要とされていて、「幼児の身体的発達を促すため、自然の中で伸び伸びと体を動かして遊ぶなど幼児の興味や関心が戸外にも向くよう、幼児の動線に配慮した園庭や遊具の配置を工夫することが重要である」とあります。

ただ遊具があればよいのではなく、「遊び」という行為の多様性が現れやすいアフォーダンス*を、園庭の中に配置していく必要があります。

*アフォーダンス＝環境の中の様々な要素が、人間の感情や動作に影響を与えること。

園庭遊具の選び方

園庭を外から見た時に、目を引く遊具は、園の保育を強く印象付けます。「おもしろそうな遊具があって、楽しそうだから入園してみたい」という親子もいるでしょう。けれど、園のシンボルとしての役割や見た目の印象以上に、自園の保育観とズレがないかどうかは、とても重要です。

園庭遊具には、固定遊具と可動遊具の2種類があります。安全面や衛生面に配慮して選ぶのはもちろんですが、子どもの人数や発達段階、利用頻度などによっても選び方は様々です。子どもがどのように遊んでいるか、豊かな遊びが形成されているか、身体の発達に必要な多様な動きを促しているか、という観点で、今ある遊具を見直してみてください。

幼稚園施設整備指針
（文部科学省　令和４年６月）

第４章　園庭計画
第３　遊具

⑴**固定遊具等**は，幼児期の心身の発達にとって重要な役割を果たすことを踏まえ，幼児数や幼児期の発達段階，利用状況，利用頻度等に応じ必要かつ適切な種類，数，規模，設置位置等を検討することが重要である。その際，自然の樹木や地形の起伏等を遊具として活用することや幼児のみで利用しても十分な安全性及び耐久性を備えた仕様のものを，衛生面も考慮しつつ選定することが重要である。特に，朝礼台や金属のポール等は必要に応じ，カバーを設置する等衝突事故防止に配慮した計画とすることが重要である。また，幼児の想定外の使い方による落下，衝突，転倒などに配慮することが望ましい。

⑵**固定遊具，可動遊具**ともに定期的に安全点検を行い，破損箇所の補修を行う等日常的な維持管理を行うことが重要である。とりわけ，揺れ，回転，滑降等を伴う遊具の設置については，安全性確保の観点から慎重に対処することが重要である。

⑶**固定遊具**の支柱の基礎部分及び遊具の周りは，幼児の安全に配慮した仕上げ，構造等とすることが重要である。

⑷幼児の興味や関心，遊びの変化等に応じ遊具の再配置が可能となるように，**可動遊具や組立遊具**を安全性に留意して導入することも有効である。

園庭の中央の築山に沿わせるように設置したすべり台。子どもの多様な動きを促すように工夫されている。（写真／むくどり風の丘こども園）

固定遊具

乳児と幼児での遊具の違い

固定遊具は、設置するのも撤去するのも容易ではないことや、実際に子どもがどのように遊ぶのか、設置してみないとわからないこともあって、導入する際は悩みどころの一つでしょう。

0～2歳の乳児には、歩行が始まった後に、のぼる・おりる・くぐる・とぶ、といった行為を毎日くり返せる環境が大切です。そのため、これらの動きを引き出す遊具が選ばれます。

一方で、運動量が増える3～5歳の幼児には、すべり台、階段、のぼり棒、丸太橋、ボルタリングなどの遊具が多く採用されます。バリアフリー化された現代社会の中では、非日常的な動きを促すことを目的に設置されます。

大型の総合遊具は、幼児の運動機能の発達を促すことが主目的で設置されますが、その施設や建物が「保育施設である」ことをわかりやすく示すランドマーク（目印）としての機能もあります。

遊具の組み合わせ

どの遊具を導入したらよいか販売業者に相談する際は、どのような子どもの姿をめざして導入したいのかを示し、いくつかの候補を提案してもらいましょう。設置している園を見学させてもらい、子どもが遊ぶ様子を見せてもらうのもよいでしょう。一見、楽しそうに見える遊具も、子どものニーズに合っていなければ、遊びが発展しません。

「動」と「静」の性質をもつ固定遊具と、使い方によっては「動」と「静」の両方を併せもつ可動遊具や素材を組み合わせて遊びが展開される場合には、危険を伴わないよう、注意が必要です。

固定遊具

設置したら、動かすことのできない遊具。大型の総合遊具から、ブランコ、すべり台といった単体のものがある。木のぼりができる樹木も固定遊具の一つ。大型の総合遊具は、地域のランドマーク（目印）としての機能もある。（写真／上：聖ミカエル幼稚園　左中・左下：むくどり風の丘こども園）

可動遊具

可動遊具で遊びを広げる

可動遊具には、三輪車やボール、砂場で使う道具のような既製の遊具だけでなく、ウッドブロックや竹などの自然素材や、タイヤや木片などの廃材も含まれます。どのような素材を取り入れるのか、子どもの姿を見ながら加えたり引いたりしていくことは、保育者の腕の見せどころです。

固定遊具と可動遊具、可動遊具同士を組み合わせて遊ぶことで、遊びの種類は無限に広がっていきます。また、季節や保育のスケジュールによって、可動遊具を入れ替えるなど、取り入れ方に工夫すると、一年を通して多様な遊びに発展させることができるでしょう。

可動遊具は、園の外部の人に声をかけて手に入れることもできます。だれかの不要なものが、子どもにとって恰好の遊具になるのです。

可動遊具で空間を分ける

可動遊具は、それを使って遊ぶだけでなく、時には、空間を分ける役割を担ってくれることもあります。発達段階の違う子どもたちが同じ園庭で遊ぶ場合には、安全へ配慮が必要です。そこで、子ども同士のかかわりがもてるように配慮しながらも、ゆるやかに空間を分けたい時に、可動遊具を便利に利用できます。

たとえば、可動遊具をついたてようにして空間を分けたり、おにごっこの陣地に見立てたり、気軽に手早く空間を区別させたりするのです。同じ園庭に、じっと作業に集中したい子どもがいても、動的な空間と静的な空間に遊びを分けることで、発達段階の違う子ども同士が同じ園庭で遊べます。

可動遊具

タイヤ、木板、木片、切り株、枕木、ござ、すのこ、など、動かすことのできるもの。土、砂、水、草花、石などの自然素材やボール、乗り物、シャベルなどの遊具も含まれる。（写真／上・左中・左下：くらき永田保育園　右下：大久野保育園）

可塑性のある素材

子どもは、モノを何かに見立てて遊ぶのがとても上手です。自由な発想で、どのようなモノでも遊びに取り入れ、思いがけない使い方を見出す様子がよく見られます。このように、本来は遊具ではないモノが柔軟に変化する性質を「可塑性」と呼んでいます。

たとえば、1枚の板があったとします。これを丸太の上にのせることで、シーソーのようにして遊んだかと思えば、積んだレンガに渡してキッチンに見立て、そこでままごと遊びが始まったりします。このように、子どもの発想で、一枚の板が自在に変化していきます。

可塑性のある素材は、無限にあります。どのような素材が遊具になりえるか、職員会議でアイデアを出し合うのも楽しいものです。46ページで紹介した「素材の集め方の工夫」のように、身近な所にヒントがあるかもしれません。

竹や板をビオトープの縁に渡して遊ぶ子どもたち。どちらが早く渡れるかな？（写真／大久野保育園）

タイヤに長い材木を渡して、平均台に。歩くと弾むので、バランスをとりながら移動する。（写真／むくどり風の丘こども園）

素材の可塑性を活かした遊び

ウッドグロックやタイヤを並べて、サーキット遊びを楽しんだり、素材を組み合わせてシーソーのようにして遊ぶ。子どもの力でも動かせる扱いやすいサイズ。（写真／右上：大久野保育園　右下・左：むくどりこども園）

ダンボールも可塑性のある素材。ジェットコースターに見立てて使っている。（写真／むくどり風の丘こども園）

豊かな発想

塩ビ管を竹に見立てて、流しそうめんごっこ。急な斜面での作業は、非日常的な動きが生まれ、足腰が鍛えられる。

板を組み合わせて秘密基地に。

ベンチを重ねてのりものごっこ。

鉄棒に縄跳びを引っ掛けて、ブランコに。

板を組み合わせてすべり台に。

写真／くらき永田保育園

第3章

みんなで取り組む園庭づくり

大切なのは価値観の共有

園庭をどのようにしたいか

第2章では、園庭の環境に必要なものを見てきました。では、環境を見直そうとするならば、実際どのように進めていくのがよいでしょうか。

皆さんの園でも、保育の中で生じる問題を解消するために、これまでたくさん話し合ってきたと思います。一人ひとりの価値観の違いから、話し合いがなかなかまとまらないこともあったでしょう。このような価値観の違いを乗り越え、様々な意見を一致させるには、「合意形成」が必要になります。

「合意形成」とひと口に言っても、簡単なことではありません。全員が同じ考えをもつのは難しいことです。そのため、ここでの「合意形成」は「本質的な価値観」を前提に対話ができるようになることを目指すものです。たとえ考えが違ったとしても、「本質的な価値観」が共有できていれば、最終的に全員が納得のいく結論を導き出せるようになるでしょう。

園内研修の手順

合意形成をするためには、まず、一人ひとりの価値観に違いや差があることを理解し、受け入れ合うことからスタートします。そのためには、意見を出しやすい環境づくりが必要です。そこで、話し合う前にアンケートを実施してみましょう。69ページがアンケートの例です。

自由記述の形式にすることで、回答者の個人的な価値観が反映されます。このアンケートからわかるのは、一人ひとりの価値観と現在の園の風土です。

アンケートの設問と記入例

職員一人ひとりの保育観を確認する設問です。個々の保育への向き合い方を確認します。

園庭アンケート

Q1. 日々の保育や子どもたちの遊びにおいて大切にしていることは？

- 子どもたちの気持ちに共感し、興味があることに自信をもってチャレンジできるよう手助けをする
- 子どもをよく見ること、知ろうとすること意識する
- 子どもの育ちや日々の様子・変化を職員同士で共有し、話し合いながら保育を進める
- 子どもが楽しく安心して過ごせるよう環境を整えたり、一緒に遊んだりして、じっくりかかわる
- 子ども一人ひとりの気持ちに寄り添いながら見守る
- 適切なタイミングでの声かけや援助を心がける

子どもの遊びや遊びの環境に対して、どのような課題意識をもっているのか確認します。

Q2. 園庭遊びで必要な環境とは？

- 日々の生活や遊びを通して自己肯定感を育むこと
- 様々な物・人とのかかわりを経験すること
- のびのび過ごせる環境があること
- 自由に遊べて、自然や土とたくさん触れ合えること
- たくさんの愛情と安心を感じること

自園の保育や環境に対する客観的な認識を確認します。

Q3. 自園の園庭の良いところと悪いところは？

- 園庭が広く、思いきり体を動かせる空間がある
- 保護者との関係性を大切にし、共に子どもたちを育てていこうとしている
- 子どもたちの主体性を大切にした保育をしている
- 職員間のコミュニケーションがよく、協力しながら保育に取り組めている
- 自然環境が少ないので、もっと取り入れたい
- 遊びの種類が限られるので、増やしたい

＊明確な課題や導き出したい内容によって設問をアレンジしてください。

合意形成と問題意識の取り出し

アンケート結果と合意形成

アンケート結果を共有すると、価値観がどの程度違うのかや、その傾向が見えてきます。同じような意見が多く見られる場合は、それが園の風土といえるかもしれません。様々な意見が出てくると思いますが、ここでは、出された意見の良し悪しを判断せずに、まずは受け入れ合うようにします。

価値観に違いがあるとがわかったところで、園の理念をふり返ってみてください。園長等の管理者が、自園の大切にする「本質的な価値観」を職員に伝えるもっとも重要な場面です。それは、何かに迷った時や判断する時の「ものさし」となり、合意形成の下地になります。

問題の取り出しから実施まで

合意形成の環境が整ったところで、園庭について感じている問題意識を取り出していきます。この段階では、一人ひとりが感じている問題をできる限り幅広くピックアップしてください。問題の感じ方や表し方は、それぞれの経験や価値観が反映されています。この後、できるだけ意見の出しやすい状況をつくるために、それぞれの「問題意識」を尊重するようにしましょう。

集まった問題の中から、「解決する必要があるもの」を取り出します。問題が複数あれば、優先順位をつけます。その後は、少人数のグループに分かれるなどして話し合い、何を実施するかを決めていきます。

園内研修の進め方

Step1 対話しやすい環境づくり

アンケートを実施する

回答を見ながら、それぞれの価値観の違いや現在の保育の傾向を確認する

子どもの気持ちを尊重したい

豊かな自然環境にしたい

保護者の意見も大事にしたい

Step2 合意形成と課題の抽出

園が基本とする本質的な価値観を確認し、合意形成を行う

＊園長などの管理者から園の価値観を伝える

子どもが自由な環境でのびのび過ごせることがいちばん大事

園長

具体的な問題点を取り出す

砂場での遊びが発展しない

保護者の反応はどうかな？

水を使いやすい環境にしたら？

グループに分かれるなどして解決策を検討し、発表する

Step3 解決策の検討

「本質的な価値観」をものさしに最終的な判断をする

テーマ：砂場遊びを充実させたい

- 砂場のそばにテーブルを置いて、作業をしやすくする。
- 遊びの途中経過を補完する棚を置く。
- 草花など、砂場遊びで利用できる副素材を育てる。
- 泥団子を作りやすいように、砂場のそばに水道を新設する。
- 泥んこ遊びのよさを保護者会で伝えて、理解を促す。

施工業者など、外部の人の意見を聞くのも判断材料になります

安心と安全

「安心」と「安全」は異なる

話し合いを進める中で、「安心」と「安全」の考え方の違いで行き詰まることがあるのではないでしょうか。いくら考え抜いて環境づくりをしても、期待したように子どもが遊ばなかったり、想定外の動きで事故が起こったりと、「子どもの豊かな経験」と「安全性の担保」を天秤にかけなくてはならない場合が少なくありません。だからこそ、見守る大人たちの合意形成が重要になってくるのです。

「安心」と「安全」は似ているようで、違うものです。辞書を引くと「安心」は、「気にかかることがなく心が落ち着いていること」とあり、物理的な危険度に関係なく、心の状態のことを示しています。一方で安全は、「危険がなく安心なこと。傷病などの生命にかかわる心配、物の盗難・破損などの心配のないこと」とあり、危険度が限りなく0％に近い状態のことを示します。

医療と保育・福祉の現場を例に見ていくと、視点の違いが明確になります。医療も福祉も、人の命を預かる場といえますが、医療は「治療の場」であり、保育・福祉は「生活の場」です。医療では、すでに問題が起こっていることに対処しなければ危険が明らかなので、今を犠牲にしてでも未来のためになる治療をします。危険度を0％に近づける「安全」を選択するのです。

一方、保育・福祉では「今」を大事にします。「今しかない、子ども時代をどう過ごすか」という観点では、危険度を0％にできなくても、経験してほしいことや、子どもがやりたがっていることをできる状態にすることを選択したいと考えます。

たとえば、新しい遊具を取り入れたい時に「けがをするかもしれないから、や

医療と保育・福祉の視点の違い

安全重視の医療モデル	安心重視の保育・福祉モデル
非日常	日常
治療の場	生活の場
対象は患者	対象は子どもの主体 （他人が勝手に決めない）
専門性（時代によって変わる）で対応	常識（長年の知恵の蓄積）で対応
未来のために今日を犠牲にする	未来のために今日を犠牲にしない

めよう」とはならないでしょう。かといって、安全性も無視できません。

園外の人の共通理解も視野に

「安全」の観点では、保護者の反応を気にすることがよくあります。保育者同士が価値観を共有できていたとしても、「保護者に反対されるかもしれない」という意見が出た途端に、想いが揺らぐのです。

「安心」は子どもだけでなく、保護者や近隣住民にも理解されなければ成立しません。何かを決める時には、園として、どのような理念で保育を行っているのかを、保護者や近隣住民にも理解してもらう方法まで検討しておかねばなりません。保育者一人ひとりが、自分の言葉で語れるようにしておきましょう。

園データ

大久野保育園（東京都日の出町）
園児数：75人（0歳児6人・1歳児10人・2歳児12人・3歳児14人・4歳児15人・5歳児18人）
職員構成：園長、保育士20人、その他10人

空間づかいの工夫①

「やってみたい！」を引き出す園庭づくり

園庭改革は保育の見直しの一環

園庭の見直しは、園舎の建て替え時に検討することがよくあります。そのほか、園長の交代などにより、保育全体を見直す一環として、園庭改革が行われる場合もあります。ここで、園長交代をきっかけに、保育全体を見直す一環として園庭改革を行った事例をご紹介します。

大久野保育園は東京都に立地していますが、東京都西部の自然豊かな人口一万六千人ほどの日の出町にあります。人口減少にともなう少子化の影響が都市部よりも早くにやってくることを危惧していました。そこで、園長が交代した2017年ごろから、保育の見直しとともに園庭改革を行ったそうです。

敷地の形状と園舎の配置から、園庭を3か所に分けました。それぞれのスペースは、子どもの発達段階ごとに設定されています。園庭Aは、3つの園庭の中でいちばん広く、3歳児以上がおもいっきり身体を動かせる場所になっています。園庭Bは0・1・2歳児の保育室につながるスペースで、3歳までの子どもが利用するため、感覚統合を高めるための木製の固定遊具を置いています。園庭Cは園舎が取り囲む中庭で、おもに1歳児向けにしています。

着手のきっかけは、保育者の結束力を高めることを目的にしたチームビルディング研修でした。「理想の保育園」を描く中で、数名からおもしろそうな園庭の提案がありました。そこにはいくつかの共通項がありました。それは「川が流れ、草木があり、動物がいて、好きな遊びが見つかる」というもの。これをきっかけに、メインである園庭Aのバージョンアップを始めることになったそうです。

園舎と園庭の配置

園庭B

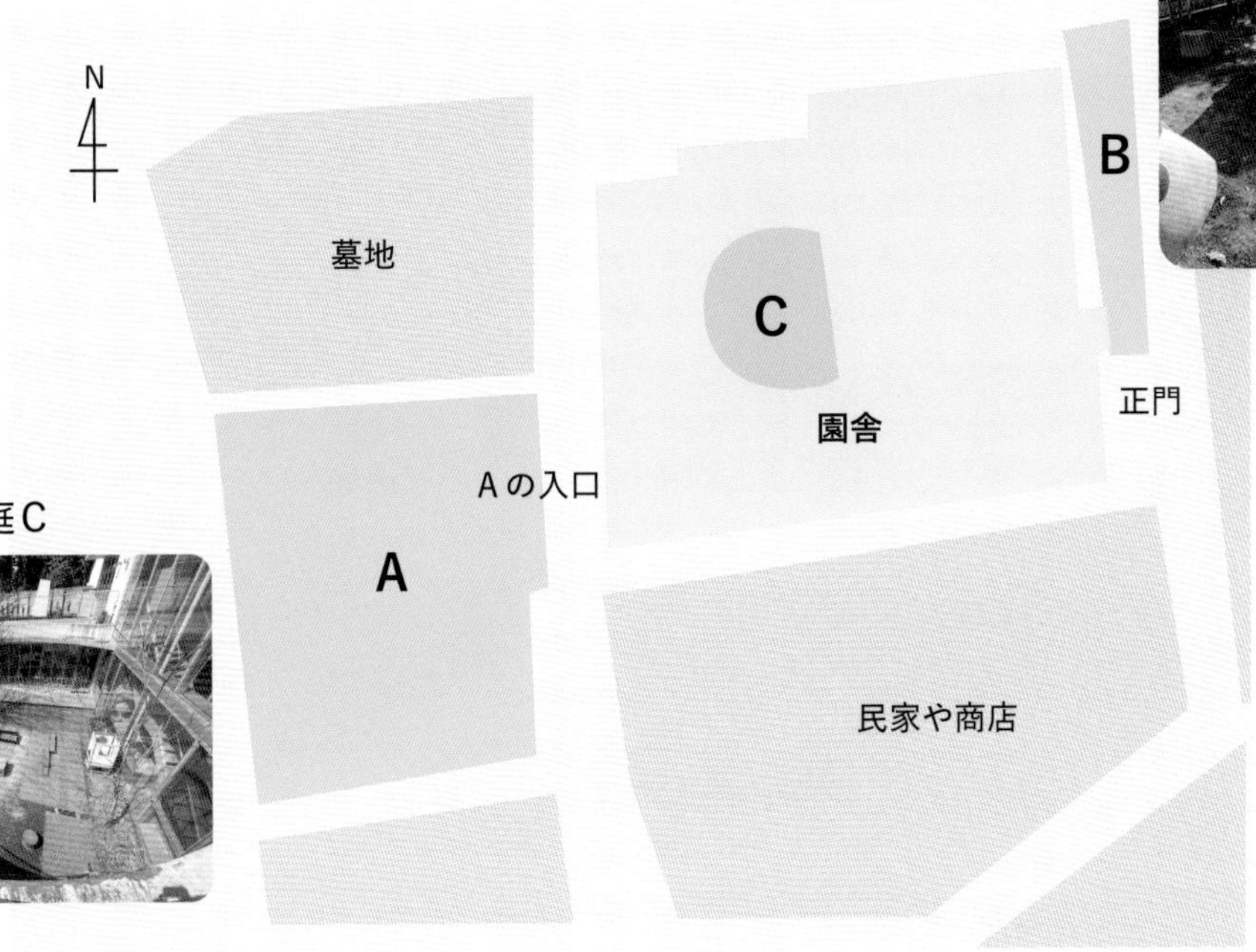

園庭C

園庭Aの変遷

改革前は、中央にある大型の木製遊具のまわりをぐるぐる回る遊びが主流だった。
泥んこ遊びをしやすい環境にしたところ、遊びが豊かになった。

園の理念　「子どもにとって」「保護者にとって」「地域社会にとって」「同志にとって」最善の利益を考え行動する

共通認識のつくり方

3歳児以上のための園庭Aは、小学校に上がるまでに、「大きな事故やけがをしないで遊ぶ」「仲間と良好な関係をつくる」力を身に付けてほしいという視点で園庭づくりが進められました。

特に、泥や土、砂、生き物たちとのふれ合いが重要だと考えました。そこで、井戸と池を掘り、ビオトープを作りました。ビオトープづくりは、子どもや保護者も一緒に取り組み、池の名前は保護者から募集し、投票で決めました。園庭改革をスムーズに進めるために、保護者も巻き込みながら、園全体で「共通認識をもつ」ことを大事にしたのです。

また、就学すると大人からの干渉がグッと減るため、園では大人の目のある中で自由に遊ぶことのできるラストチャンスです。「大きな事故やけがをしない」「仲

園庭Aの見取り図

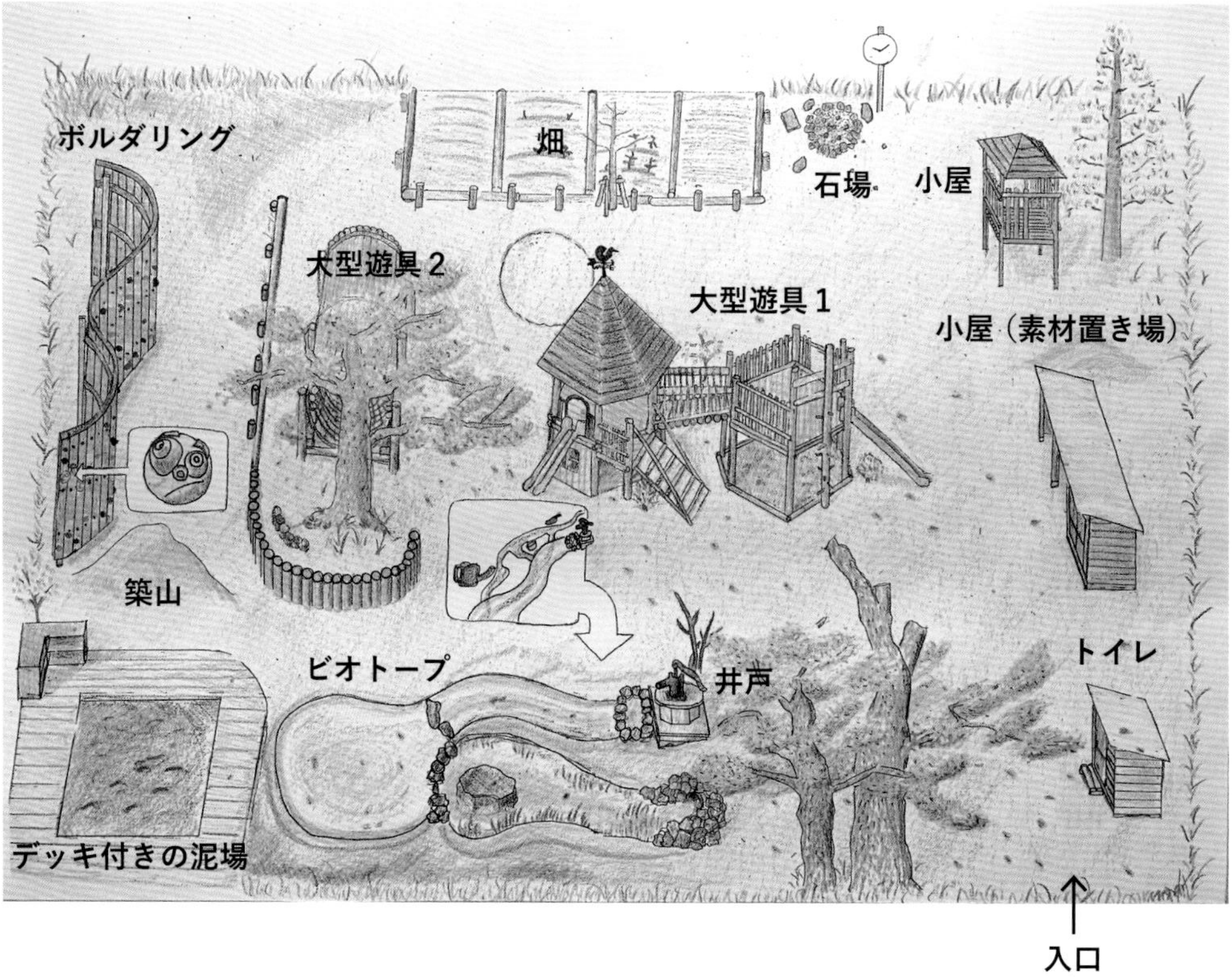

間と良好な関係で遊ぶ」ことのできる力を子どもたちに身に付けてほしいという想いで園庭を考えていったそうです。

泥や土、砂が子どもの遊びに欠かせないという観点で園庭が大きく変わったのは、「泥んこ遊びや水遊びが毎日できる」という点です。これについては、保護者の意見が大きく分かれます。「毎日ではなく、週一回にしてほしい」と言われることもありました。

園庭づくりのこだわりでもある土や泥での遊び。どのような意味があるのか、保護者に理解される必要があるため、くり返し伝えました。また、汚れものは職員が下洗いしたものを持ち帰ってもらえるように配慮しています。

もっとも効果的なのは、保護者にも体験してもらったことだそうです。保護者が園に遊びに来る日をつくり、子どもや保育者と同じ時間を共有してもらいます。そこで、子どもの遊ぶ様子や保育者との

園庭改革で設置した泥場とビオトープ

泥場

泥場とビオトープを作ったことで、泥での遊び方が変化した。

園庭改革前

園庭の片隅に水たまりを作って遊んでいた。

ビオトープ

冬は、泥場に張った氷で遊ぶ。

関係性を見てもらうのです。「この環境はいい」と納得してもらうことで、理解が進みます。

遊具の選び方

遊具選びの観点には、2通りありました。1つは「安心して遊べる発達に合ったもの」、もう1つは「少しチャレンジできるもの」。この組み合わせのバランスが重要です。

そこで、安全面に長けた市販の遊具に加えて、子どもが自分で組み立てたりつくり替えたりできる遊具（板や竹など可塑性のある素材）を置いています。素材は、様々な大きさや形に加工しています。たとえば、竹は長いもの、短いもの、半分に割ったものなどです。

また、園内のあちこちに「やってみたくなる」ような仕掛けを施しています。たとえば、木に登ってみたくなるように、上のほうに「鈴」を取り付け、そこへ到達した時に鈴を鳴らせるようなっています。「ゆうきの鈴」と名付けたことで、子どもの意欲を刺激しています。

園庭を改革する前は、大型の木製遊具のみが園庭の真ん中にありました。そこを三輪車でぐるぐる回ったり、走り回ったりする動的な遊びが中心でした。「子どもたちが飽きるから、散歩に行きたい」という保育者の声も多かったそうです。改革が進むうち、子どもの遊びが豊かになり、「今日はこれをやろう」と期待やねらいをもって登園する姿が多く見られるようになりました。

様々な大きさの板や竹など、可塑性のある素材を使って遊ぶ子どもたち。

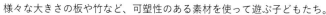

遊びが豊かになる仕掛け

木の上部に鈴を取り付けて、鈴を鳴らしたいという子どもの意欲を刺激する。

園庭を掘り起こして出てきた石を、子どもたちが自主的に集めた石場。石も遊びの素材になっている。

園庭にあるボルダリング。難易度を示すプレートは子どもたちの手づくり。これも、「やってみたくなる」仕掛けの1つ。

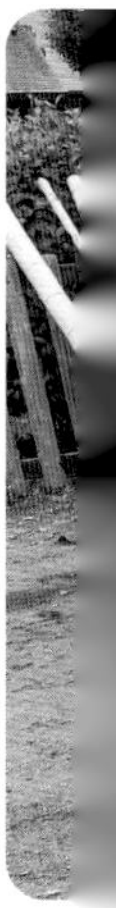

空間使いの工夫②

発達の違いに配慮しながらみんなで育ち合う

園データ

遍照こども園（岡山県倉敷市）
園児数：175人（０歳児22人・１歳児24人・２歳児24人・３歳児35人・４歳児35人・５歳児35人）
職員構成：園長、保育士30人、その他７人

まずは築山を作るところから

岡山県倉敷市の遍照こども園が、園庭改革に取り組み始めたのはおよそ8年前です。子どもが園庭の隅にダンゴムシを発見し、大喜びしている姿を見たのがきっかけでした。

以前の園庭は、いわゆる運動場タイプで、草木もほとんどなく、ダンゴムシを見つけることすら珍しかったのです。「これではいけない、子どもが虫や草花などの自然物にもっとふれられる園庭にしなければ」という想いが原動力になったそうです。

まずは園庭の中央に築山を作り、そのまわりに木や草花を植えました。たくさんあった固定遊具も取捨選択し、子どもの運動遊びに必要だと考えられるものだけを残しました。こうして今の園庭のベースができあがりました。

園庭の広さに対して子どもの人数が多く、すべてのクラスが同時に園庭で遊ぶことは安全上、難しいという点があります。また、乳児と幼児では、生活リズムも違います。そこで、園庭改革以前から、乳児と幼児は園庭で遊ぶ時間帯を分けていました。

乳児は食事や睡眠のリズムを大切にしたいので、9時ごろ園庭に出て遊び、10時ごろには保育室に戻ります。乳児と入れ違いで幼児が園庭に出て、11時ごろまで遊びます。昼食後の午睡の時間は、5歳児だけで遊びます。

築山で虫探し。

園舎と園庭の配置

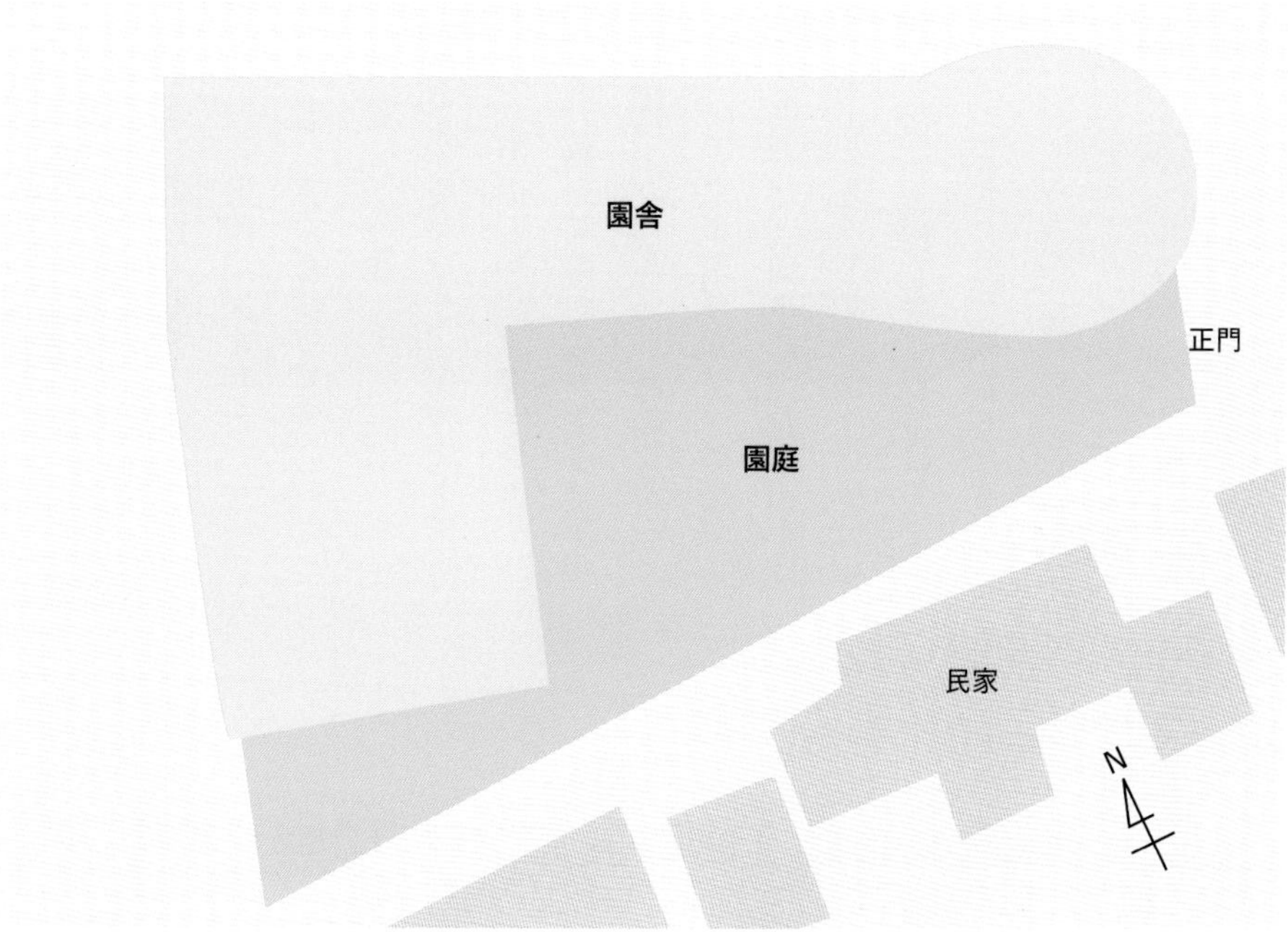

いわゆる運動場タイプだった園庭を、中央に築山を配置し、木や草花を植え、自然を感じられる園庭に改革した。

園の理念

- 私たちは、子どもの権利条約、教育基本法、児童福祉法、子ども・子育て支援法に基づき、学校教育と児童福祉、および子育て支援の機能を持ち合わせ、保護者や地域社会と力を合わせ、児童の教育と福祉を積極的に増進するものである。
- 私たちは、教育・保育に当たっては、子どもの人権や主体性を尊重し、入園から就学まで連続した一貫性のある取り組みを行なう。
- 私たち職員は、知識の習得と技能の向上に努めることとし、常に社会性と良識を高めることにも研鑽を重ね、職員相互において努力するものである。

乳児と幼児で環境を変える

同じ環境でも、乳児と幼児では遊び方が異なります。乳児は、保育者と一対一、あるいは保育者にすぐそばで見守られながらゆったり過ごします。たとえば、砂場で砂の感触を味わったり、保育者と手をつなぎながら築山の傾斜を登ったり、草花にふれて五感を刺激したりなどです。

一方、幼児は、友だちと一緒に全身を使ってダイナミックに遊びます。砂場では、友だちと協力し、山を作ったり川を掘ったり。築山を駆け上がったり、駆け降りたり。草花はふれて楽しむだけでなく、そこにやってきた虫を観察したり、図鑑で調べたりする遊びに発展することもあります。

園庭の見取り図・乳児（9〜10時）

朝9時から1時間ほど乳児が利用する。総合遊具では遊ばないよう、フェンスなどで仕切る。

友だちと一緒に全身を使ってダイナミックに遊ぶ。

保育者に見守られながら、個々の遊びを楽しむ。

園庭の見取り図・幼児（10～11時）

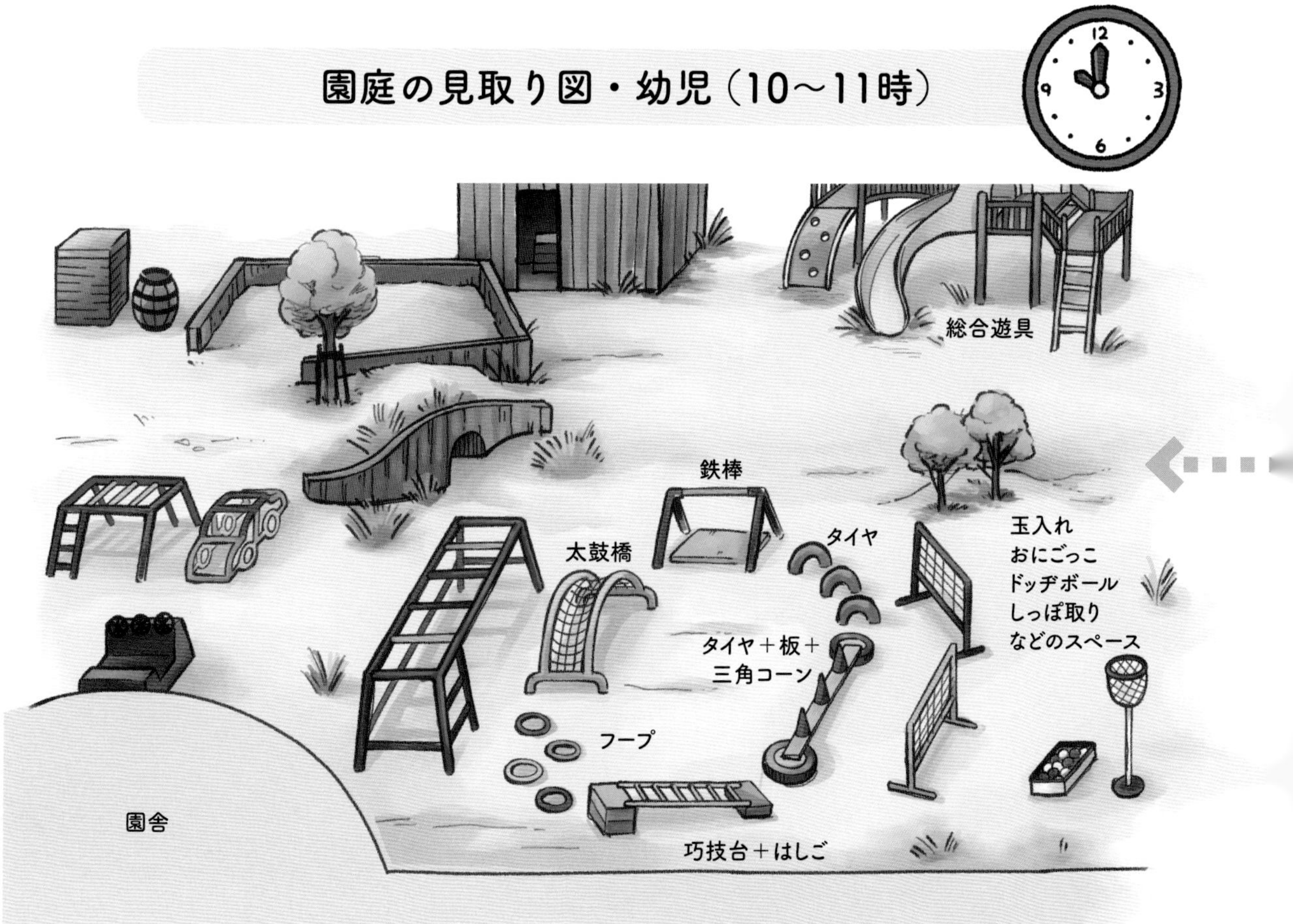

10時からは幼児が利用するため、可動遊具を入れ替える。安全確保のために、動的な遊びと静的な遊びのコーナーをフェンスで分ける。

遊具の選び方

それぞれの発達段階に応じた遊びが存分に楽しめるよう、固定遊具を取捨選択するとともに、巧技台や鉄棒、平均台、はしご、フープなど可動遊具を多く取り入れることにしました。

可動遊具は、ふだんは倉庫にしまっておき、遊びの時間に保育者が出してきてサーキットとして設置します。必要に応じて片付けますが、時には出したままにしておき、高さや傾斜を調節して乳児と幼児の両方が楽しめるようにすることもあります。

ちなみに乳児は、総合遊具は使いません。以前は使っていた時期もありましたが、園庭改革以降、総合遊具は3歳以上と決めました。そこで、乳児が遊ぶ時間帯は総合遊具に行かないように可動式のフェンスを置いています。

フェンスは、幼児の遊びの時間帯には、ボール遊びとおにごっこの場所を分けるなど、コーナーづくりに活かしています。

植物や虫とのふれあい

園庭では、プランター栽培にも積極的です。草花や野菜などを育て、子どもが自然を身近に感じられるようにしています。

キャベツやブロッコリーなどは、もともと食育の一環で植えていましたが、そこに虫がやってくることに気付いてから、プランターは子どもが虫とふれ合うためのものと位置づけました。テントウムシやチョウ、バッタなどは、子どものかっこうの遊び相手になっています。

プランターは門を入ってすぐの場所に並べているので、保護者の目にもふれやすく、送迎時など保護者と子どもがプランターを見ながら会話をしていることもあります。

決して広くはない園庭で、様々な制約もある中、子どもが豊かな時間を過ごせる工夫がされています。

プランターで栽培

小さな空間にプランターを置いて、野菜を栽培。
会話のきっかけにもなる。

可動遊具で作るサーキット

空間づくりにフェンスをうまく利用している。可動遊具を組み合わせるなどして、様々な遊びができるように工夫している。

遊びが広がるアイデア

フェンスにゴムひもを渡して遊具の１つに。

はしごと巧技台を組み合わせている。

レイアウトの変更

フェンスは幼児の力でも動かせる。

可動遊具の収納

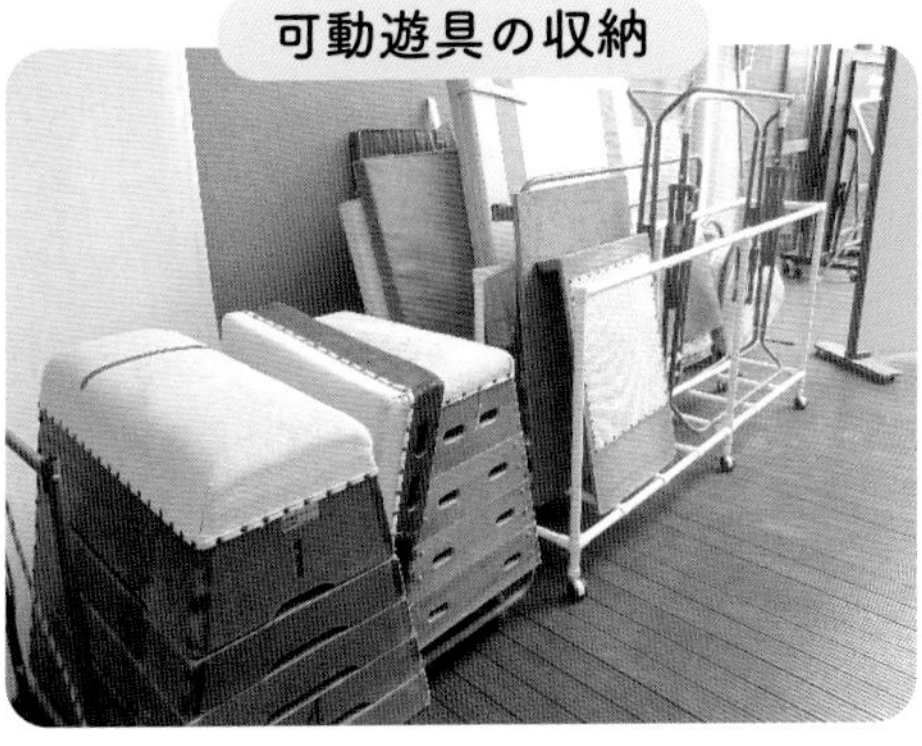

可動遊具は出し入れしやすい収納場所を確保している。

継続した園庭の見直し

生きた話し合いをするために

園庭に完成形はありません。常に、保育や子どもの状況とのマッチングを考えていく必要があります。そのような取り組みを継続していくためには、園内で「生きた話し合い」ができるようになっていることが重要です。

生きた話し合いをするために必要なのは、単なる司会進行役ではなく、話題を引き出す支援をするファシリテーターの存在です。組織の中で相互理解を促しながら合意形成し、問題解決をしていく活動をファシリテーション（facilitation）といいますが、それを行う人がファシリテーター（facilitator）です。話し合いがしやすい環境を整えるのが、ファシリテーターの役割です。

議論から対話へ

ファシリテーターは園長や主任が担う場合が多いと思いますが、持ち回りで担いながら向いている人材を探してみるとよいでしょう。

会議で意見を引き出すには、「問いの立て方」に工夫が必要です。たとえば、「0歳児が土にふれられる環境をつくるにはどのようにしたらよいだろう？」といったような具体的な問いかけをすると、参加者は意見を出しやすくなります。

意見が出始めると、反対意見も出てくるなど軋轢も生じます。こうした議論を一歩先に進めるためには、「なぜそのアイデアが出たのか」を参加者全員でつかみ合う対話ができるようになることが理想です。

ファシリテーターとは

ファシリテーションとは、
合意形成しながら
問題を解決していく活動

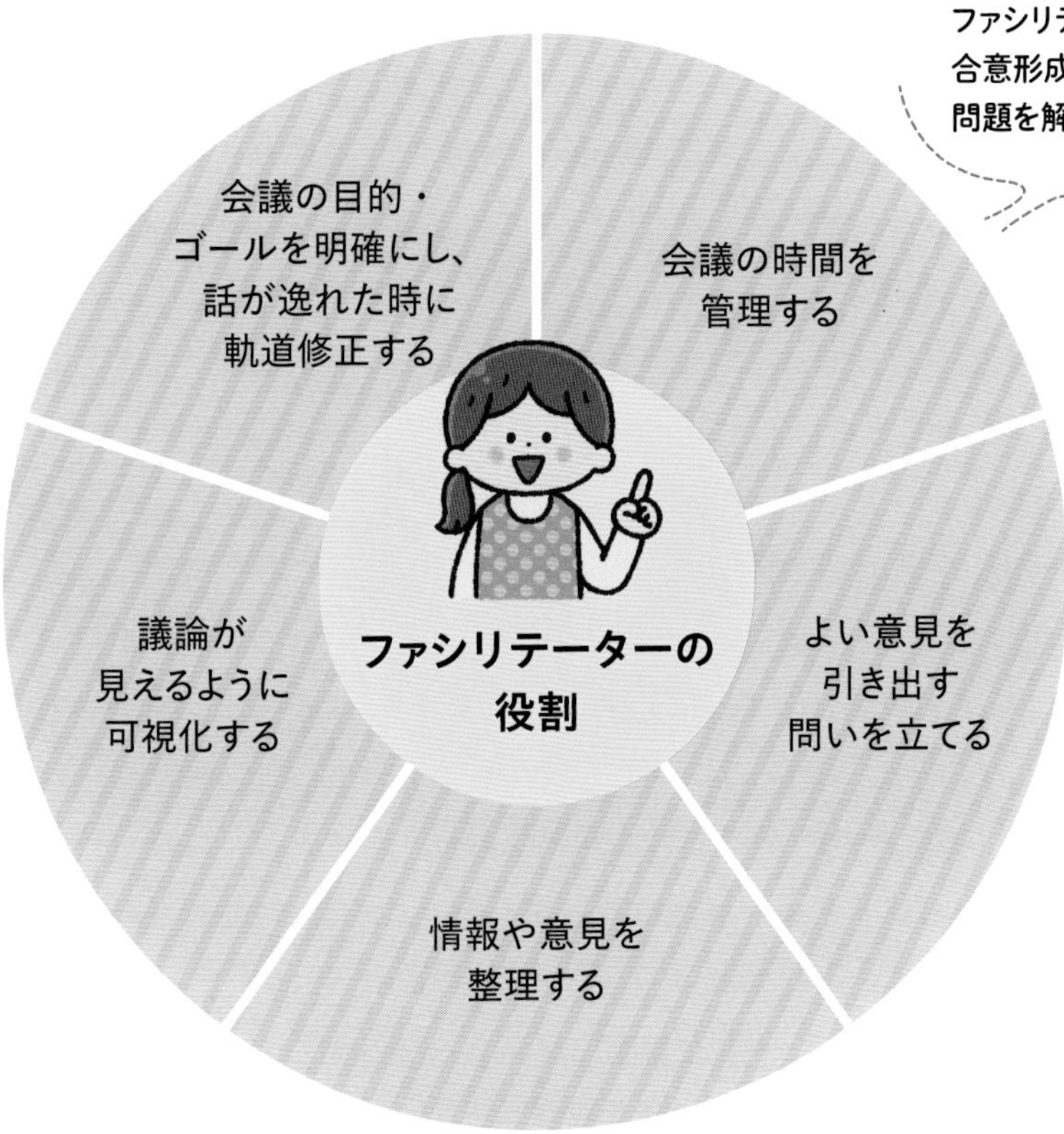
ファシリテーターの役割
会議の目的・ゴールを明確にし、話が逸れた時に軌道修正する
会議の時間を管理する
よい意見を引き出す問いを立てる
情報や意見を整理する
議論が見えるように可視化する

問いの立て方

GOOD
0歳児が土にふれられる環境をつくるには?

質問が具体的なので意見を出しやすい

BAD
園庭をどのようにしたいですか?

質問が漠然としているので意見を出しづらい

どうする?

子どもの視点で話し合うファシリテーション

くらき永田保育園では、「問い」の立て方に工夫して職員会議を進めています。職員会議といえば、「今、保育士が困っていること」が議題になることがよくあると思います。そのような時、話し合いが大人の都合に偏って進んでいないか、子どもの視点に置き換えて検討できているか、ということを意識して、園長やファシリテーター役の保育士が「問い」を立てていきます。

たとえば、園庭で登ってはいけない塀に登ってしまう子どもがいたとします。何度か注意しても状況が変わらないと、「子どもが理解できるような伝え方を考えよう」とか「新たにルールをつくろう」といった流れに話し合いが進みがちです。そのような時にファシリテーターが、「子どもの塀を登りたい欲求を叶えてあげるためにはどうしたらいいだろう？」と問いかけます。すると、子どもの欲求が満たせる環境構成のアイデアが出されるようになります。このように、「問い」の立て方ひとつで、会議の方向性が変わっていきます。

またある時、「園庭の蛇口を子どもに使わせると、水を出しっぱなしにしてしまう。水道代がもったいない」という話題になりました。このような時、「職員だけが蛇口をひねれるようにしよう」といったルールが提案されることはよくありますが、「水遊びが好きな子どもの欲求を満たす」にはどうするかを話し合いました。

話し合いの結果、蛇口の付いたポリタンクを用意することになりました。１日に使ってよい量の水をポリタンクに入れて、砂場のそばに置いたところ、使いやすい場所にあることで水遊びがしやすくなりました。また、水の量を調節して使ったり、友だちと分け合うようになったりして、制限のある中で工夫して使う姿が見られるようになりました。

このように、子どもの視点で問いを立てることで、会議の流れが変化し、具体的なアイデアが集まり、子ども主体の保育が展開されていきます。

第4章

地域資源と園庭

園外に出合いを求める

園庭と地域がつながる一歩

園庭や園舎が見えないように塀などで取り囲まれていると、地域との接点を拒絶しているように感じられますが、中の見えるフェンスや隙間のある植栽で囲っていると、その部分が近隣との接点をもたらす場になることがあります。

開放的にしすぎると防犯上の問題が出てくるかもしれませんが、ゆるく開いておくほうが地域社会から見守られている安心感を得られる場合があります。地域の人が立ち止まって植物を見ながら季節を感じている様子や、大人だけでなく中高生などが「かわいいね」と園児に声をかけてくれる様子が見られると、人々に園が身近な存在となっていることや、その地域を構成する一つの存在となっていることが感じられるでしょう。

地域資源で園庭を拡張する

子どもたちに経験してほしいことすべてを、園内で賄うことはできません。また、園庭がなかったり狭かったりする園もあるでしょう。そんな時、地域資源の利用を視野に入れると、園内では得られない経験を子どもたちに提供できます。

歩いていける範囲内にいくつか公園がある場合は、その公園にある遊具や広さ、形状などから、遊びたい内容に合わせて行き先を決めることができます。鉄棒をしたい時は「○○公園」、広いスペースでボール遊びやかけっこをしたい時は「△△公園」などです。

また、公園までの道中で見るものや聞くものも、子どもにとっては貴重な出合いになります。

お散歩で地域資源を活用

神奈川県横浜市の銀杏保育園では、園庭が狭く、住宅街の中にあるため大きな声を出しにくいことから、2歳児以上はほぼ毎日、園外の公園に遊びに行く。作品展では、2歳児が季節ごとに作ったお散歩マップを展示した。道すがら子どもが拾ったものを貼り付けるなどしている。また、公園は、他園の子どもや地域の親子との交流の場になっている。

保育者視点の地域情報を提供

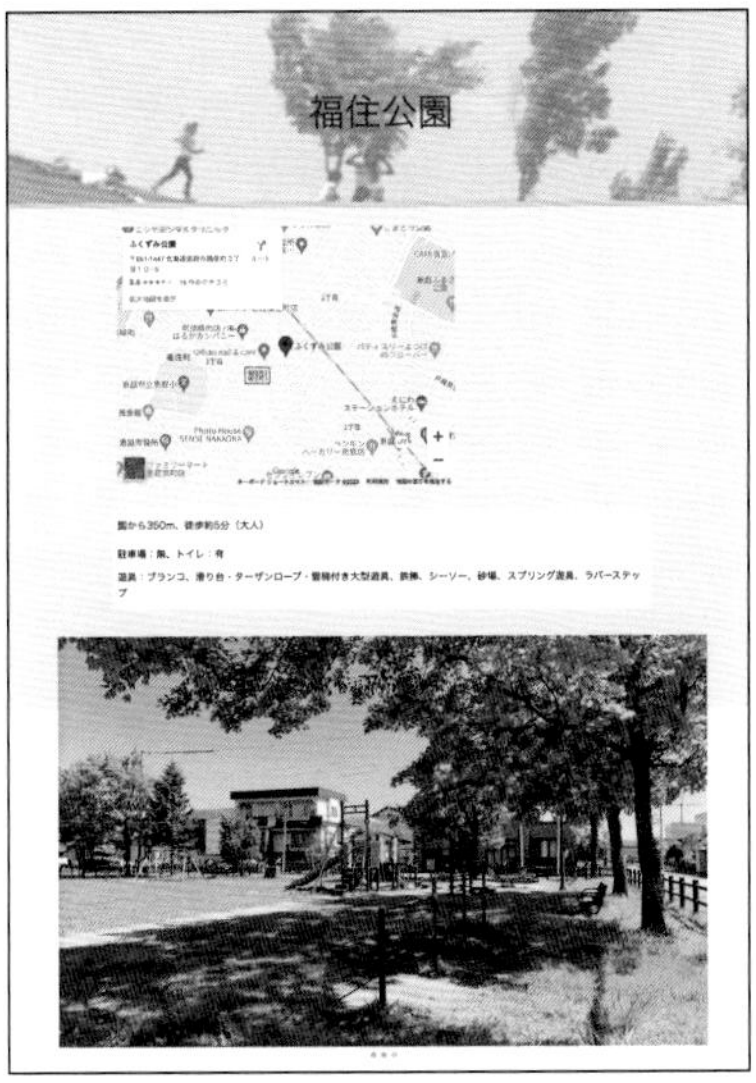

北海道恵庭市のあいおい子ども園では、園外保育で出かける公園の特徴を保護者と共有できるように、公園マップのウェブサイトを開設した。
ふだん遊びに行っている公園の特徴がわかるキャッチコピーを付けて、地図や公園の遊具、トイレ、駐車場の有無などの情報とともに、公園の様子を写真で紹介している。保護者が休日に子どもと遊びに行く時の参考にしてもらうほか、保育者の視点が地域の役に立つようにという願いもある。

地域との接点になる園庭

園庭から地域社会を盛りあげる

2020年から長く続いたコロナ禍では、保育も大きく変化しましたが、それだけでなく地域社会も変わりました。リアルな人間同士のかかわりが大切だとわかっていても、物理的な距離をとらねばならず、意識してつながろうとしなければ地域社会の人間関係も希薄になってしまう、そんな状況です。お祭りのように地域の人々が担ってきた社会的な伝承を、これからは園も積極的に参加して、役立つことができないだろうか……。少子化が加速する中、園が地域にもっと開かれることで、その存在意義を高めることができるのではないかと考えます。

そこで、地域と園をつなぐ場として、「園庭」に注目しています。

しぜんと人が集まる園庭

くらき永田保育園は神奈川県横浜市の住宅街の中にあり、毎年、冬至の日に園庭で焚き火をする、忘年会ならぬ「ボー燃会」というイベントを行っています。最初は園児と保護者、親しい知人を招いて、クリスマスに向けてろうそくに火を灯す「キャンドルナイト」として始めたのですが、いつしか焚き火に変わっていきました。今では告知もしていないのに500人もの人が集まって来るようになり、プロの屋台まで園庭にやって来ます。園では麦茶や梅ジュースと焚き火に必要な道具を用意する程度で、「園庭」という場を地域に向けて開放しているだけです。一人ひとりが焼いて食べられるものを持ち寄り、見知らぬ人と語り合いながら新たな人間関係がつくられる不思議な場になっています。

ただし、単に園庭を開放したからといって、しぜんと人が集まるようになるわけではありません。「地域福祉」を園の戦略として意識的にやっていることが、人を呼び込む仕掛けになっています。それは、どのようなやり方なのでしょうか。

弱みを見せることが人を呼ぶ

46ページで紹介した素材集めと同様に、地域に向けて大きな声で「SOSを出す」ことが、実は大事なのです。園でやりたいことがあっても、自分たちだけではどうにもならない時に、「こんなことができる人はいませんか？」と声を上げるのです。

一般の人は、園にそのようなニーズがあるとは思っていませんから、SOSが出されて初めて気付きます。保護者会で声をかけたり、職員の知り合いや地域の商店の人に相談したりすると、案外、助けてくれる人が出てくるものです。

小さなことでいえば、園で育てているカイコの餌の桑の葉が足りず、近隣の住宅の方に「少しいただけませんか？」と声をかけたことから、つながりができたこともありました。

また、園内の緑化をしたくても、忙しい職員だけではままならなかったので声をかけたところ、地域の園芸好きの方、野菜好きの方、虫好きの方、鳥好きの方が協力してくれることになりました。自分たちの知識を子どもたちのために活かしたいという人もたくさんいます。子どもも喜ぶし、かかわる人も自分の知識が広がっていくのがうれしいという、ウィンウィンの関係になっています。

勇気を出して、まずは自分たちから声をかけていくことが、地域福祉の第一歩になると考えます。

園庭で冬至に行う「ボー燃会」。焚き火を囲んで集った人々が知り合う場になっている。年々、しぜんと参加者が増え、いつのまにかプロの屋台までやって来るようになった。（写真／くらき永田保育園）

頼れる仲間をつくる地域福祉

さらに、集まってきた人のつながりを、ステークホルダーマップにしています。「ステークホルダー」とは、ビジネスにおける利害関係者という意味で、園を助けてくれる人々を書き出すことで、その関係を見える化するのです。すると、困ったことがある時、だれに相談すればよいか一目瞭然になります。また反対に、園も協力できることがあれば提案したり、人と人をつなげたりしています。

弱さをオープンにすることで依存する関係ができますが、頼れる仲間が増えることで自立もできるのです。このような地域福祉のあり方を考える中で、「園庭」のもつ役割はますます大きくなっていくと考えています。

くらき永田保育園のステークホルダーマップ

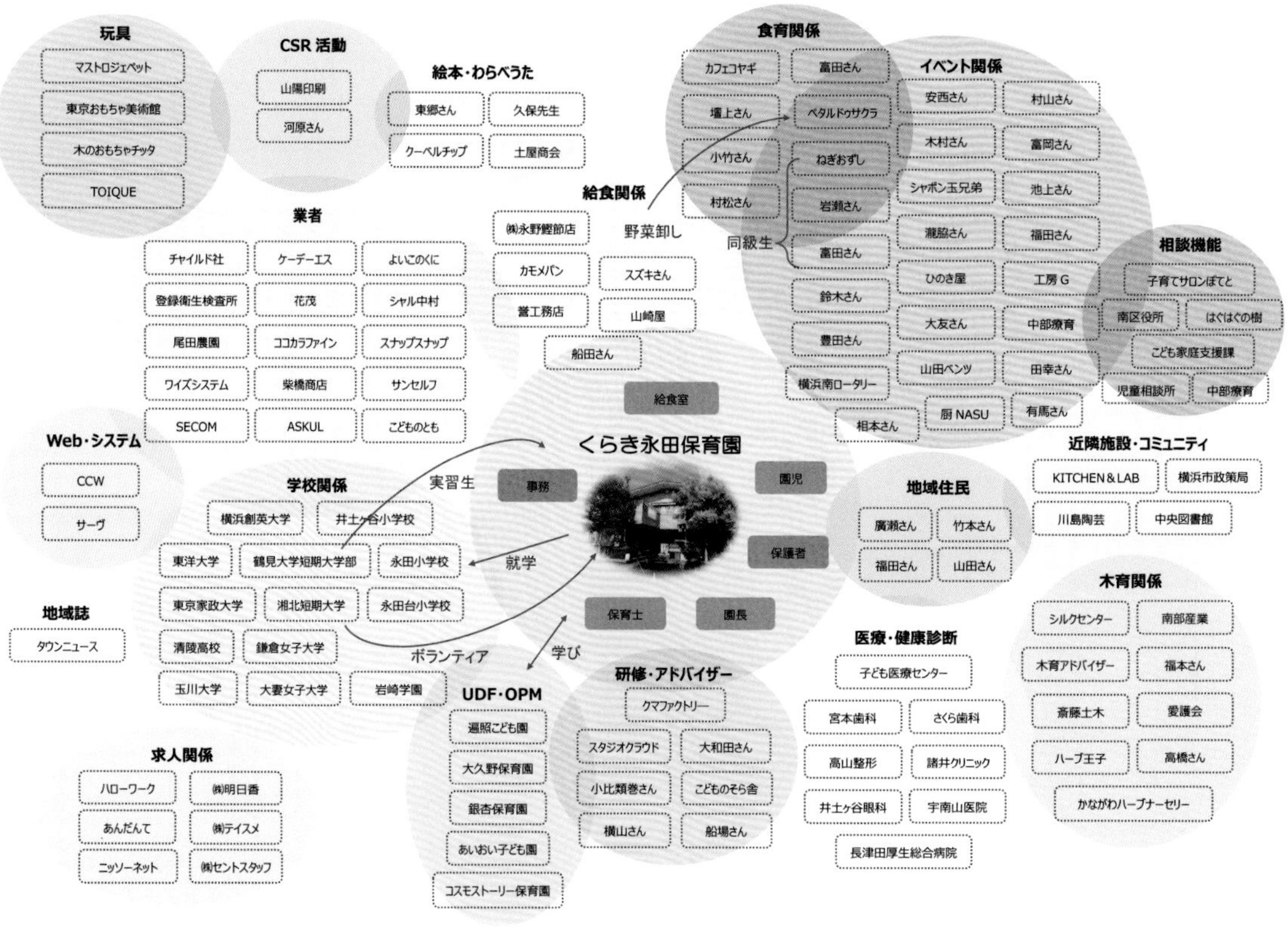

編著

鈴木八朗

神奈川県横浜市のくらき永田保育園（社会福祉法人久良岐母子福祉会）の園長。社会福祉士。東洋大学社会福祉学科卒業後、社会事業大学研究科を経て母子生活支援施設くらきの指導員となる。同施設の施設長在任時にくらき永田保育園の新設にかかわり現在に至る。おもな著書に『0・1・2歳児の学びと育ちを支える 保育室のつくり方』（チャイルド社）『40のサインでわかる乳幼児の発達』（黎明書房）などがある。

ブログ『八朗園長の“遊びをせんとや生まれけむ』 http://kids.starsol.jp/

落合栄治

株式会社スタジオクラウド代表取締役。東洋大学経営学部卒業後、株式会社学習研究社保育事業部、保育代理店静岡よいこのくに社を経て、ホームイング株式会社（現ミサワホームイング）にて住宅やオフィス・店舗の改修工事に携わる。その後フランスの大手玩具メーカーsuperjouet社国内総代理店株式会社キャリウェーブにてフランス製玩具・遊具の国内営業に従事。2000年に独立し、スタジオクラウドを設立。幼稚園・保育園を対象に保育環境のリノベーション、園庭整備、CIデザイン等の業務を多く手掛ける。2019年にスタジオクラウドを株式会社スタジオクラウドに改組し現在に至る。
株式会社スタジオクラウド　https://osunaba.jp/

監修

朝比奈太郎（社会福祉法人ムクドリ福祉会 むくどり風の丘こども園 園長）
大原正裕（社会福祉法人遍照会 理事長）
髙野泰弘（社会福祉法人志正会 大久野保育園 園長）
辻いづみ（社会福祉法人くすの樹会 常務理事・銀杏保育園 施設長）
村松良太（学校法人リズム学園 あいおい子ども園 園長）

取材・撮影協力・写真提供

社会福祉法人久良岐母子福祉会 くらき永田保育園（神奈川県横浜市）
社会福祉法人ムクドリ福祉会 幼保連携型認定こども園 むくどり風の丘こども園／
むくどりこども園／むくどり風の森こども園（神奈川県相模原市）
社会福祉法人遍照会 幼保連携型認定こども園 遍照こども園（岡山県倉敷市）
社会福祉法人志正会 大久野保育園（東京都日の出町）
社会福祉法人くすの樹会 銀杏保育園（神奈川県横浜市）
学校法人リズム学園 あいおい子ども園（北海道恵庭市）
社会福祉法人若草福祉会 認定こども園 若草保育園（埼玉県本庄市）
社会福祉法人つばさ福祉会 せんかわ みんなの家（東京都豊島区）
社会福祉法人花窓堂 長房みなみ保育園（東京都八王子）
学校法人聖公会北海道学園 認定こども園 聖ミカエル幼稚園（北海道札幌市）
株式会社時設計

デザイン
熊谷昭典(SPAIS)　佐藤ひろみ

イラスト
みさきゆい　みやれいこ　宇江喜桜(SPAIS)

撮影
野澤修(野澤写真事務所)

取材・執筆
鈴木麻由美(こんぺいとぷらねっと)

編集・製作
上井美穂(こんぺいとぷらねっと)

多様な遊びが生まれる園庭のつくり方
－保育者の想いをカタチにする環境構成－

2023年10月1日　発行

編著者　鈴木八朗・落合栄治
発行者　柴田豊幸
発行所　株式会社チャイルド社
〒167-0052 東京都杉並区南荻窪4-39-11
TEL：03-3333-5105
印刷・製本　株式会社グラフィック

ISBN 978-4-925258-71-5　C2037

チャイルド社ホームページアドレス
http://www.child.co.jp/